TABLE

DES
EDITS, DECLARATIONS,
ARRESTS
ET REGLEMENS,

Rendus pendant la quatriéme année du Bail
de M^e. JACQUES FORCEVILLE.

*Commencée le premier Octobre 1741. & finie le
dernier Septembre 1742.*

CONCERNANT LES CINQ GROSSES FERMES,
Domaines d'Occident, Tabac, Commerce
& Manufactures.

A PARIS,

Chez PIERRE PRAULT, Imprimeur des Fermes & Droits du Roy,
Quay de Gêvres, au Paradis.

M. DCC. LXVIII.

TABLE

EDITS, DECLARATIONS,

ARRESTS ET REGLEMENS,

Rendus pendant la quatriéme année du Bail de M^e. JACQUES FORCEVILLE.

Commencée le premier Octobre 1741, & finie le dernier Septembre 1742.

CONCERNANT les Cinq Grosses Fermes, Domaines d'Occident, Tabac, Commerce & Manufactures.

Du 4 Octobre 1741.

JUGEMENT de la Commission du Conseil, établie à Rheims, qui condamne le nommé Jean-François, dit la France, du lieu de Vannes en Lorraine, à être pendu pour crime de Contrebande en Tabac, avec attroupement, port d'armes, rebellion & meurtre par lui commis & ses Complices.

Du 3 Octobre 1741.

Arreſt du Conſeil, qui commet M. l'Intendant en Rouſſillon, pour inſtruire & juger le Procès aux Particuliers de l'étendue de ſon Département, qui ſe trouveront convaincus d'avoir fait paſſer des Beſtiaux à l'Etranger, & qui pourroient y en faire paſſer par la ſuite, nonobſtant & au préjudice des défenſes portées par les Réglemens, & notamment par l'Arreſt du Conſeil du 7 Juin 1740.

Du 3 Octobre 1741.

Arreſt du Conſeil, qui en caſſe un de la Cour des Aydes de Montauban, du 12 Septembre 1740, pour avoir fait mainlevée d'une ſaiſie de cent douzaines de Mouchoirs de ſoye, confiſqués par Sentence du Juge des Traittes de S. Girons, du 10 Octobre 1739, ſur le nommé Nadal, voiturier, pour être entrés en fraude par un Bureau non déſigné par les Réglemens, & notamment par l'Arreſt du Conſeil du 27 Mars 1731, leſdits Mouchoirs reclamés par Auguſtin Baure, Habitant de la Ville de Levis en Sardaigne, Royaume d'Eſpagne, auquel il en avoit été accordé main-levée avec dépens, & la décharge de l'amende de trois mille livres contre lui prononcée par autre Sentence du 11 Février ſuivant; ordonne l'exécution de ladite Sentence dudit jour 11 Février 1740, & condamne ledit Baure aux dépens faits par le Fermier en ladite Cour des Aydes de Montauban.

Nɑ. Les motifs de la Cour des Aydes pour prononcer la main-levée de la ſaiſie & la décharge de l'amende, étoient fondés ſur ce que la Déclaration du Roi du premier Aouſt 1721, portant, Art. 33, que les Etrangers, domiciliés hors du Royaume, ſont obligés de donner Caution pour ſûreté des condamnations par eux encourues, ne concerne que la Ferme du Tabac, & non les autres Droits des Fermes du Roi; mais le Fermier ayant ſoutenu que quand même cet Article ne comprendroit pas toutes autres Marchandiſes que le Tabac, il ſuffit qu'il ſoit conforme aux principes du Royaume, qui ne permettent pas aux Etrangers de plaider en France, en demandant, ſans donner Caution, ſuivant le ſentiment de Jean Bacquet dans ſon Traité du Droit d'Aubaine, & la Juriſprudence des Arreſts : c'eſt ſur ces principes que le Conſeil a rendu celui dont l'Extrait eſt ci-deſſus.

Du 3 Octobre 1741.

Arreſt du Conſeil , qui commet le Sieur Intendant & Commiſſaire déparri en Rouſſillon , pour inſtruire & juger ſouverainement & en dernier reſſort, en appellant avec lui le nombre d'Officiers ou Gradués requis par l'Ordonnance, le Procès aux Particuliers du Comté de Foix , & du Païs de Donnezan, qui ont commis , & à ceux qui pourront dans la ſuite commettre des contraventions à l'exécution des Edits , Ordonnances , Arreſts & Réglemens , qui défendent les plantations , cultures , commerce & uſage des Tabacs de fraude , enſemble aux Complices, Fauteurs, Participes ou Adhérans des contraventions, circonſtances & dépendances.

Du 3 Octobre 1741.

Arreſt du Conſeil, qui exempte des Droits de Sortie & de ceux de Marque, les Fers & Fontes provenans de la forge & du fourneau de la Terre de Vercel en Franche-Comté , appartenante au Sieur de Vercel , Exempt des Gardes du Corps de Sa Majeſté , Gouverneur de la Ville de Dole , & qu'il fera paſſer en Alſace & en Suiſſe.

Du 3 Octobre 1741.

* Ordonnance de M. Feydeau de Marville , Lieutenant Général de Police , portant Réglement pour les fonctions des Salpêtriers ordinaires du Roi & de la Ville de Paris , contenant dix-ſept Articles; par le quatorziéme deſquels il eſt défendu à tous Fermiers, Commis & Prépoſés à la levée des Droits de Sa Majeſté, & autres aux Barrieres & Portes de la Ville & Fauxbourgs de Paris, de prendre ni exiger aucuns Droits ſur les Salpêtres & Poudres, ni pour le Paſſage & Péages de leurs Chevaux & Harnois portans Terres , Bois , cendres , Salpêtres, Eaux meres , & toutes autres choſes généralement, ſervant á l'uſage & confection deſdits Salpêtres & Poudres , avec

injonction de les laisser librement passer & repasser, sans qu'ils soient tenus de faire aucune soumission aux Bureaux, suivant & conformément à l'Article XLVI. du Marché fait à Charles Primard, le 18 Décembre 1736.

Du 3 Octobre 1741.

* Arrest du Conseil, qui déboute le Sieur Claude Allemand de toutes ses demandes, fins & conclusions ; en conséquence ordonne que les Droits de Douanes ou Traittes Foraines sur les foins, avoines, vivres & ustenciles nécessaires pour la subsistance & approvisionnement de la voiture des Sels pour la Savoye, seront payés au premier Bureau de l'enlevement par ceux qui seront chargés de la voiture desdits Sels ; ordonne pareillement que lesdits Entrepreneurs payeront, pour raison desdits Sels, le Droit de Blanque appartenant aux Propriétaires des Salins de Péccais, ensemble le Droit de petit Blanc & doublement d'icelui, destinés pour les reparations du Pont Saint Esprit, comme aussi les Droits dûs sur les mêmes Sels pour le péage d'Orange, & ceux attribués aux Officiers de Sa Majesté pour leurs vacations aux recollemens desdits Sels à la sortie du Royaume.

Du 7 Octobre 1741.

* Arrest du Conseil, qui ordonne que les Etoffes de fil & cotton, communément appellées Velours de Gueux, qui se fabriquent dans la Ville de Hericourt en Franche-Comté, seront à l'avenir marqués aux deux bouts d'un plomb, au sortir du Métier, sur un côté duquel sera marqué le nom du lieu de la Fabrique, & de l'autre côté le nom du Fabriquant, & défend de vendre lesdites Etoffes sans lesdites Marques, à peine de confiscation desdites Etoffes, & de trois cens livres d'amende, pour chaque Piéce.

Du 10 Octobre 1741.

Arrest du Conseil, qui commet le Sieur Intendant de Picardie pour faire l'adjudication au rabais des ouvrages & repa-

rations à faire à la Maison servant de Bureau des Fermes à la
Recousse, Direction d'Amiens, appartenant au Roi ; le prix de
laquelle adjudication sera payé par Jacques Forceville, Adjudicataire des Fermes Générales, auquel il en sera tenu compte
sur le prix de son Bail.

Du 10 Octobre 1741.

Arrest du Conseil, qui ordonne l'envoi des motifs de celui
de la Cour des Aydes d'Aix du 29 Juillet précédent, par lequel le Fermier a été condamné à remettre au nommé Jean-
Claude Orgeas, se disant Marchand à Marseille, le prix d'un
Mulet, ensemble 681 aulnes de Mousselines, & 412 aulnes de
Tarlantanne venant de Nice, saisis au Quartier S. Anery sur
trois Inconnus, & confisqués au profit du Fermier par Sentence du Juge des Traittes d'Antibes du 24 Mars 1740 ; lesdits Mulet & Marchandises reclamés par ledit Orgeas, sous
prétexte qu'elles appartenoient au nommé André Perroir, Colporteur en faillite, & dont Orgeas se prétendoit Créancier d'u-
ne somme de trois mille cent cinquante six livres seize sols,
contenus en un Bilan par lui représenté, pour lesdits motifs
vûs & rapportés, être ordonné ce qu'il appartiendra, toutes
choses demeurant en état.

Du 10 Octobre 1741.

Arrest du Conseil, pour obliger le Sieur de Glatigny Bi-
dault, Habitant de Laval, en qualité d'Engagiste du Droit de
Traitte par terre, à représenter les titres en vertu desquels il fait
percevoir ledit Droit dans les Bureaux d'Ernée, S. Ellier, la
Gravelle, Châteaugontier & Laval, pour lesdits titres rapportés & examinés, être par Sa Majesté ordonné ce qu'il appartiendra.

Du 12 Octobre 1741.

*Arrest du Conseil, qui ordonne que toutes les Marchandises
destinées pour la Foire S. Denis, ne pourront être vendues qu'a-
près l'ouverture de ladite Foire, & après la visite des Inspec-

teurs des Manufactures, à peine de confiscation & de deux cens livres d'amende, & attribue au Lieutenant de Police la connoissance des contraventions audit Arrest.

Du 17 Octobre 1741.

* Arrest du Conseil, portant Réglement sur le Commerce des Etoffes de Drap que les François font dans les Echelles de Morée & d'Albanie. *Contenant trois Articles.*

Du 17 Octobre 1741.

Arrest du Conseil, qui commet le sieur Intendant de Provence pour instruire & juger en dernier ressort le Procès du Sieur Maifredy, Receveur des Traittes du Bureau de Monfort, accusé de prévarications dans les fonctions de son emploi, ainsi qu'à ses Complices, Fauteurs, Participes ou Adhérans.

Du 17 Octobre 1741.

Arrest du Conseil, qui accorde au Sieur Dubois, Trésorier de France au Bureau des Finances d'Amiens le privilége d'établir à Mouy une Manufacture pour y faire fabriquer des Etoffes appellées Bayettes & Sempiternes pendant vingt-cinq années, sans être sujet à aucune visite des Jurés Gardes des Fabriquans dudit lieu, mais seulement à celles de l'Inspecteur des Manufactures; exempte de Taille & autres Impositions, la maison où ladite Manufacture sera établie, lui permet de mettre un plomb particulier sur lesdites Etoffes, & d'associer avec lui qui bon lui semblera, sans déroger à la Noblesse, ni lui aux Priviléges dont il a droit de jouir en sa qualité de Trésorier de France, avec défenses de le troubler dans l'exploitation de ladite Manufacture, à peine de mille livres d'amende.

Na. Cet Arrest n'accorde aucune Exemption des Droits des Fermes.

Du 24 Octobre 1741.

* Arreſt du Conſeil , qui ordonne qu'en payant par les
Cautions de Jacques Forceville , Adjudicataire Général des
Fermes-Unies & du Tabac , par chacune année , tant que le
Dixiéme aura lieu , la ſomme de deux cens trente mille livres ,
par forme d'abonnement ; leſdits Cautions feront la retenue du
Dixiéme ſur les parties de leurs frais de Régie , qui peuvent y
être ſujettes , & ſur les appointemens de leurs Commis.

Du 24 Octobre 1741.

Arreſt du Conſeil , qui commet M. l'Intendant du Duché
de Bourgogne pour informer & juger le Procès aux Particuliers du lieu de Seignelay , qui ſe ſont attroupés à la porte de
la Manufacture établie audit lieu , dans le deſſein d'y entrer pour
commettre des déſordres & maltraiter les Ouvriers qui y tra-
vaillent , enſemble à leurs Complices , Fauteurs , Participes ou
Adhérans.

Du 31 Octobre 1741.

Arreſt du Conſeil , qui exempte de toutes Dîmes les Ris provenant des terres qui n'en ont point payé juſqu'audit jour , &
qui pourront être miſes en culture pendant la durée du Privilége accordé au Sieur Chevillot & Compagnie pour y établir
des Rizieres.

Du 31 Octobre 1741.

Arreſt du Conſeil , qui nonobſtant les défenſes portées par
celui du Parlement de Bordeaux , du 18 Septembre précédent ,
de tuer des Beſtiaux ; permet aux Sieurs Leon Boethous , Deville , la Barthe & Clarerie , Négocians à Bayonne , de faire
tuer & ſaler en ladite Ville les Bœufs qu'ils ont achetés pour
l'avituaillement & cargaiſon de quatre Navires deſtinés pour les
Iſles & Colonies Françoiſes de l'Amérique , & de les embarquer enſuite ſur leſdits quatre Navires.

Du 31 Octobre 1741.

* Arreſt du Conſeil, qui proroge pour dix années l'exemption de tous Droits d'Entrée, accordée par celui du 30 Septembre 1732, ſur les Denrées & Marchandiſes qui feront apportées de la Louiſiane dans les Ports du Royaume où il eſt permis d'armer pour le Commerce des Iſles de l'Amérique, tant celles du cru de ladite Colonie, que celles provenant du Commerce de ſes Habitans.

Du 31 Octobre 1741.

* Arreſt du Conſeil, qui caſſe huit Sentences des Juriſdictions des Traittes de Caën & du Havre de Grace, par leſquelles divers Négocians ont été autoriſés à faire décharger des Charbons de terre venus en Grenier, ſans avoir fait des déclarations de la quantité de Barils dont les Vaiſſeaux & Bâtimens étoient chargés, ſous prétexte qu'ils ignoroient la continence des Meſures dont on ſe ſert chez l'Etranger ; & ordonne l'exécution de l'Article IV. du Titre XI. de l'Ordonnance de 1687 , & des Arreſts & Lettres Patentes des 9 Aouſt & 30 Septem-1723 , qui établiſſent les formalités à obſerver pour les déclarations qui doivent être faites dans les Bureaux des Fermes.

Du 7 Novembre 1741.

Arreſt du Conſeil, qui accorde au Sieur de Lavault le Privilége excluſif de faire conſtruire, vendre & débiter ſeul dans toute l'étendue du Royaume, pendant quatre années, des Moulins à bras de ſon invention, propres à moudre le Bled & autres Grains, avec défenſes à toutes perſonnes de contrefaire leſdits Moulins, ni d'en conſtruire, vendre & débiter de ſemblables pendant ledit tems , à peine de confiſcation & de tous dépens, dommages & intérêts.

Na. Cet Arreſt n'accorde aucune Exemption des Droits des Fermes ni autres.

Du 7 Novembre 1741.

Arreſt du Conſeil, qui commet le Sieur Intendant de Franche-Comté, pour inſtruire & juger en dernier reſſort le Procès aux nommés Joſeph & François Ramery, du lieu de Longchaumois, Propriétaires de deux mille cent trente-deux aulnes & demi tant Indiennes que Mouſſelines & Flanelles trouvées cachées dans dix-neuf armoires de ſapin, & treize petits cuviers, même bois, chargés ſur cinq petits chariots, ſaiſies dans la Ville de Gergy en Bourgogne, venant de Franche-Comté, ainſi qu'au nommé Alexis Tourel Chauſſin, Aubergiſte de la Paroiſſe de Grandveaux, auſſi en Franche-Comté, auquel un deſdits chariots appartenoit, enſemble à leurs Complices, Fauteurs, Participes & Adhérans de la Contrebande ci-deſſus énoncée, circonſtances & dépendances.

Du 7 Novembre 1741.

Déclaration du Roi, portant que la converſion des peines & amendes encourues pour fraudes & contraventions aux Ordonnances & Réglemens concernant la Ferme du Tabac, ne pourra être prononcée que ſur la requiſition ou du conſentement du Fermier, à peine de nullité & de répondre par les Juges en leurs propres & privés noms, des amendes auſquelles les Contrevenans auront été condamnés, & des dommages intérêts du Fermier. *Regiſtrée au Parlement de Dijon, le 16 Décembre* 1741.

Nota. Cette Déclaration eſt la même que celle du 13 Juin 1605, laquelle n'avoit point été adreſſée ni enregiſtrée au Parlement de Dijon.

Du 21 Novembre 1741.

Arreſt du Conſeil, qui en caſſe un du Parlement de Dijon du 10 Mars 1740, par lequel la veuve Mongeot, en qualité de Caution du nommé Pochard, a été renvoyée de la demande du Fermier, tendante à ce qu'elle fût condamnée au payement du quadruple des Droits de Sortie de vingt-un Poinçons de Vin & d'une Feuillette d'Eau-de-vie, pour avoir rapporté un faux Certificat de Déchargement du Vin & Eau-de-vie dans les trois lieuës des limites de la Ferme dans le tems prefcrit par l'Arreſt & Lettres Patentes du 13 Mars 1722 ; renvoye les Parties pardevant M. l'Intendant de Bourgogne, à l'effet d'y procéder ſur le fonds de leurs conteſtations, circonſtances & dépendances, pour être enſuite par le Sieur Intendant donné ſon avis ſur le tout, & icelui vû & rapporté, être fait droit aux Parties, ainſi qu'il appartiendra.

Du 21 Novembre 1741.

Arreſt du Conſeil, qui en caſſe un de la Cour des Aydes de Paris, du 28 Avril précédent, pour avoir validé une Inſcription de faux annullée par Sentence de l'Election de Doulens, du 13 Octobre 1740, faute d'avoir été formée dans le délai fixé par la Déclaration du 25 Mars 1732, & prononce l'élargiſſement des nommés Benoiſt Breſla & Pierre Mauriſſet arrêtés dans les trois lieues limitrophes de l'Artois à la Picardie, avec trois chevaux chargés de ſix cens vingt-cinq livres de faux Tabac ; ordonne l'exécution de ladite Sentence par laquelle leſdits Breſla & Mauriſſet ont été condamnés en la confiſcation du Tabac, & chacun en mille livres d'amende, & les condamne en outre aux dépens faits en ladite Cour des Aydes.

Du 28 Novembre 1741.

* Arreſt du Conſeil, qui proroge pendant un an, à compter du premier Janvier 1742, l'exemption de Droits ſur les Beſtiaux, ordonnée par autre Arreſt du 8 Novembre 1740, & en conſéquence, que pendant ledit tems, les Bœufs, Vaches, Moutons, Brebis, Agneaux, Boucs, Chevres & Chevrotins qui viendront de l'Etranger, ſeront exempts de tous Droits, tant des Cinq Groſſes Fermes, qu'autres dépendans de la Ferme Générale qui ſe payent aux Entrées des Provinces Frontieres, & que leſdits Beſtiaux, ainſi que ceux du crû du Royaume, ſeront pareillement exempts pendant ledit tems des Droits d'Entrées & de Sortie, tant des Cinq Groſſes Fermes qu'autres dépendans de ladite Ferme Générale à leur paſſage des

Provinces reputées Etrangeres dans celles des Cinq Grosses Fermes, & de celles des Cinq Grosses Fermes dans celles reputées Etrangeres où il est dû des Droits aux Fermes Générales.

Du 28 Novembre 1741.

Arrest du Conseil, qui commet le Sieur Levet, Président de la Commission établie à Valence pour instruire & juger le Procès, tant à ceux des Habitans du lieu de S. Gervais en Bourgogne, qu'aux Auteurs & Complices de la rebellion & violences faites aux Employés des Fermes de la Brigade de Gergy, à l'occasion de la Capture d'un Particulier qui vendoit du faux Tabac, & aux Employés de ladite Brigade, pour raison des violences qu'ils pourroient avoir exercées contre lesdits Habitans de S. Gervais, circonstances & dépendances.

Du 5 Décembre 1741.

Arrest du Conseil, qui y évoque l'appel interjetté d'une Sentence de l'Amirauté de Portbail, du 13 Mai précédent, par laquelle le nommé Benjamin Luce, Habitant des Isles de Gersey, a obtenu mainlevée de sa personne, ainsi que d'un Batteau à lui appartenant, & d'une somme de cent quatre-vingt-douze livres dix-sept sols trouvée cachée sous des pierres servant de lest, destinée pour acheter du Tabac dans lesdites Isles: le tout saisi par les Employés des Fermes de Carteret, en conformité de l'Article III. du Titre VIII. de l'Ordonnance des Fermes du mois de Février 1687, qui défend la sortie du Royaume de l'Or & Argent monnoyés; défend de procéder pour raison de ce ailleurs qu'au Conseil, à peine de nullité, cassation de procédures, trois mille livres d'amende, & de tous dépens, dommages & intérêts.

Du 5 Décembre 1741.

Arrest du Conseil, qui commet M. de Bernage, Intendant en Languedoc, pour faire la visite & adjuger les reparations à faire aux Bâtimens du Bureau des Fermes & des Gardettes de

Silvereal, des Corps-de-Gardes de Peccais, de la Maison fervant de Logement aux Employés de la Ville de Meze & de
la Maison servant de Bureau desdites Fermes à Agde : le tout
appartenant au Roi, du prix desquelles reparations les Entrepreneurs seront payés par l'Adjudicataire des Fermes Générales auquel il en sera tenu compte sur le prix de son Bail.

Du 5 Décembre 1741.

Arrest du Conseil, qui évoque l'appel interjetté par le Fermier, d'une Sentence de la Jurisdiction des Traittes de S. Quentin du 28 Juillet precédent, par laquelle les nommés le Noir
& Levaux, Mulquiniers demeurans, l'un au Village de Malin-
court en Picardie, sur l'extrême frontiere du Cambresis, &
l'autre aux village de Ligny en Cambresis, ont obtenu mainlevée avec dépens, de vingt-six piéces, deux doublets & sept
coupons de Toile Batiste écrue, saisies en entrant à S. Quentin, faute d'être accompagnées d'acquits ou passe-avans, ni des
marques prescrites par l'Arrest du 16 Mai 1737; ordonne que
sur ledit appel, circonstances & dépendances, les Parties procéderont au Conseil; défend à tous Juges d'en connoître, &
ausdites Parties de procéder ailleurs, à peine de nullité, cassation de procédures, & de trois mille livres d'amende.

Du 12 Décembre 1741.

Arrest du Conseil, qui commet M. Barentin, Intendant de
la Rochelle pour faire l'adjudication des reparations à faire à la
Maison servant de Corps-de-Garde & de Logement aux Employés de la Patache de Seudres, dite la Cayenne, située à
Marennes, appartenante au Roi; du prix desquels ouvrages &
reparations les Entrepreneurs seront payés par l'Adjudicataire
des Fermes Générales, auquel il en sera tenu compte sur le prix
de son Bail.

Du 12 Décembre 1741.

Arrest du Conseil, qui ordonne que les Ouvrages & Vaisselles d'Or & d'Argent venant des Pays Etrangers, Principau-

tés enclavées dans le Royaume, ou des Villes & Lieux dans lesquels le Droit de Marque n'est point établi, soit que lesdits Ouvrages & Vaisselles soient neufs, ou qu'elles ayent servi, acquitteront les Droits de Marque & Controlle, excepté les cas où il plaira au Roi de les en exempter, & de la Vaisselle que les Propriétaires consentiront être rompue dans le Bureau du Fermier.

Du 19 Décembre 1741.

Arrest du Conseil, qui ordonne l'établissement dans la **Ville** de Bayonne d'un Bureau pour la Visite & le Controlle des Draperies, Soyeries & Toilleries qui arriveront dans ladite Ville par Mer & par Terre, soit pour passer à l'Etranger, ou pour être consommées dans le Pays, afin de s'assurer si lesdites Etoffes sont marquées à la tête ou à la queue de chaque Piéce, des plombs de Fabrique & de Controlle, en conformité des Réglemens pour les Manufactures. *Contenant 9 Articles.*

Du 19 Décembre 1741.

* Arrest du Conseil, qui confisque trois Piéces de Drap saisies sous la halle aux Draps, par le Sieur Parisel, Inspecteur des Manufactures, pour s'être trouvées remplies d'ensimage ou graisse nommée Flambart, défendue par les Réglemens, & pour la contravention commise par le nommé Manset, Maître Tondeur, en humectant d'huile ou autre graisse lesdits Draps en les tondant, le condamne en cent livres d'amende.

Du 19 Décembre 1741.

Arrest du Conseil, qui proroge pendant trois années, à compter du premier Avril 1742, la permission ci-devant accordée aux Marchands Drapiers, Manufacturiers de la Ville de Sedan, d'envoyer lesdits Draps directement de Sedan ou de Paris en Espagne, Portugal, Italie, Genêve & Flandres Espagnole, par les Ports désignés dans l'Arrest du 29 Mars 1718, & par ceux de Nantes & du Havre, & qu'ils passeront au travers du Royaume, sans payer aucuns Droits de Sortie, tant des Cinq Grosses Fermes, que des Provinces reputées étrangeres, en observant les formalités prescrites par ledit Arrest du 29 Mars 1718.

Du 19 Décembre 1741.

* Arrest du Conseil, qui fait défenses de modérer les amendes qui seront prononcées contre ceux qui auront contrevenu aux dispositions des Réglemens concernant le port & usage des Toiles peintes.

Du 26 Décembre 1741.

Arrest du Conseil, qui ordonne que le Sieur Dieft, Docteur en Médecine, fera conjointement avec le Sieur Helvetius, premier Médecin de la Reine, ou l'un deux seulement en l'absence de l'autre, jusqu'à ce qu'il en soit autrement ordonné, la préparation & fournitures de cent vingt-six mille neuf cens dix prises de différens remédes que le Roi fait annuellement distribuer pour le soulagement des Pauvres Malades de la Campagne, du prix desquels remédes, ensemble des imprimés d'instructions pour leur usage, boëtes, fiolles, pots, balances, caisses & emballages, montant à trente-six mille sept cens vingt-sept livres dix sols par an; lesdits Sieurs Helvetius & Dieft, ou l'un d'eux seront payés sur les deniers du Produit des Fermes Générales.

Du 2 Janvier 1742.

* Arrest du Conseil, par lequel le Roi ordonne que toutes les Etoffes de pure laine des Fabriques du Royaume & justifiées telles par les plombs de Fabrique & de Controlle ordonnées par les Réglemens, & destinées pour le Pays Etranger, ne payeront pendant deux années, à commencer du 15 Janvier 1742, pour les Droits de Sortie & Droits Locaux, que dix sols du cent pesant, & les quatre sols pour livre, à l'exception des Draps & Serges drapées qui continueront de payer les Droits accoutumés, en observant les formalités prescrites par ledit Arrest.

Du 10. Janvier 1742.

* Arrest de la Cour des Aydes, qui défend aux Officiers du ressort de la Cour d'annuller les Procès-verbaux des Employés sous prétexte que les actes de leur reception & prestation de ferment n'auroient point été déposés au Greffe de la Jurisdiction dans le ressort de laquelle ils exercent leurs fonctions.

Du 10 Janvier 1742.

* Ordonnance de M. l'Intendant de Paris, qui confisque trois cens soixante-sept aulnes & demie de Toile peinte, quinze aulnes d'Ecorce d'arbre, & sept aulnes & un quart de Toile des Indes, saisies sur le nommé Augrand, Cabaretier à Ville Parisis, & le condamne en trois mille livres d'amende, pour avoir contrevenu aux Réglemens concernant le commerce & usage des Toiles peintes, &c.

Du 11 Janvier 1742.

* Ordonnance de M. le Lieutenant Général de Police, qui fait défenses aux Marchands fréquentans la Foire S. Germain des Prés, de vendre les Marchandises destinées pour ladite Foire avant la visite des Inspecteurs des Manufactures, & des Gardes des Marchands Drapiers & Merciers, à peine de confiscation des Marchandises vendues, & de deux cens livres d'amende.

Du 16 Janvier 1742.

Arrest du Conseil, qui confisque plusieurs Piéces d'Indiennes & autres Etoffes prohibées, saisies le 4 Décembre précédent, chez les nommés Loppes de Pas Freres, Juifs demeurans à Bordeaux, les condamne en trois mille livres d'amende, & leur défend de faire à l'avenir aucun Commerce de quelque nature qu'il puisse être, directement ni indirectement, à peine de mille livres d'amende, & de plus grande peine, s'il y échet.

Du 18 Janvier 1742.

* Jugement de la Commission du Conseil, établie à Rheims ; qui condamne Joseph Thierry, Maçon du Village de Barouville dans le Pays Messin , en cinq ans de bannissement , & Marguerite Henry femme de Jean-Pierre Regaudon , Manouvrier au même Village de Barouville , en trois années de bannissement , & en cent livres d'amende chacun solidairement ; pour rebellion faite aux Employés des Fermes.

Du 20 Janvier 1742.

* Jugement de la Commission du Conseil, établie à Rheims ; qui condamne Barbe Jacquet , dite Baganus , native de Protin près Thionville , à être fustigée , flétrie & bannie pour cinq ans, & en mille livres d'amende , pour contrebande de Tabac , avec attroupement au-dessus du nombre de cinq.

Du 20 Janvier 1742.

* Jugement de la Commission du Conseil établie à Rheims ; qui condamne les nommés Jean Lobgeois & Louis Calpin , tous deux du Village de Seboncourt en Picardie , en cinq années de galeres , & en mille livres d'amende chacun solidairement, pour Faux-saunage & Contrebande de Tabac avec attroupement au-dessus de cinq.

Du 22 Janvier 1742.

* Jugement de la Commission du Conseil établie à Rheims ; qui condamne les nommés Jean Joly, Joseph Parisot, du Village de Batbeny aux Bois en Lorraine , & Jean Humbert , du Village de S. Genest , même Principauté , en cinq années de Galeres , & en mille livres d'amende chacun solidairement pour Contrebande de Tabac avec attroupement au nombre de cinq sans armes.

Du

Du 23 Janvier 1742.

* Jugement de la Commiffion du Confeil, établie à Rheims qui condamne les nommés Paul Martin, Receveur des Aydes au Département de Marle en Picardie, en trois années de banniffement, & en cinq cens livres d'amende ; & Pierre Chery, Cabaretier au Village de Richaumont auffi en Picardie, en cinq cens livres d'amende folidairement, pour Contrebande en Tabac.

Du 23 Janvier 1742.

Arreft du Confeil, qui admet M. de Villemur dans les Fermes Générales, à la place de M. fon Pere.

Du 23 Janvier 1742.

Arreft du Confeil, qui en caffe deux de la Cour des Aydes de Rouen, des 22 Mars & 14 Aouft 1741, confirmatifs d'une Sentence du Juge des Traittes de ladite Ville du 19 Juillet 1740, par laquelle le Sieur Routier, Marchand Epicier de la même Ville, a été déchargé de payer le Droit Local de cinquante fols par cent pefant, fur vingt livres de Cire en vieux Cierges qu'il y avoit fait entrer ; ordonne l'exécution de l'Arreft du Confeil du 12 Février 1665, & en confequence condamne ledit Sieur Routier au payement du Droit feulement, & en tous les dépens tant de la caufe principale que d'appel.

Du 26 Janvier 1742.

* Jugement de la Commiffion du Confeil, établie à Rheims ; qui condamne le nommé Pierre Carlier, Marchand Mercier au Câteau - Cambrefis, en neuf années de banniffement, & en mille livres d'amende, pour Contrebande en Tabac.

Du 27 Janvier 1742.

Arreft du Confeil Royal des Finances & Commerce de

Luneville, qui admet M. de Villemur dans les Fermes de Lorraine, à la place de M. fon Pere.

Du 27 Janvier 1742.

* Ordonnance de Police , qui confifque plufieurs Piéces de Damas de Soie des Indes, faifies le 20 du même mois chez la Demoifelle Evrard lingere ; la condamne en trois mille livres d'amende, & la déclare déchue de l'état & qualité de Marchande.

Du 30 Janvier 1742.

* Jugement de la Commiffion du Confeil, établie à Rheims, qui condamne les nommés Pafquier Devaux , Cabaretier & Marchand de Tabac au Village de Meuvre en Cambrefis, en trois années de banniffement, & en mille livres d'amende ; & Pierre le Franc, fe difant Marchand de Chanvre au Village de Trouffancourt en Picardie, en trois années de Galeres, & en cinq cens livres d'amende, pour avoir vendu du Tabac de fraude avec de fauffes Vignettes.

Du 30 Janvier 1742.

Arreft du Confeil, qui permet à Jacques Forceville, Adjudicataire des Fermes Générales - Unies , de fieffer ou prendre à rente de Jean-François Bellonde, une place hors de la Ville du Havre, pour fervir à incendier les côtes des Tabacs provenant de la Manufacture établie dans ladite Ville , moyennant cinquante livres par an ; laquelle rente fera à la charge du Fermier actuel du Tabac , & de ceux qui lui fuccéderont.

Du 30 Janvier 1742.

Arreft du Confeil , qui commet le Sieur Intendant de la Généralité d'Aufch & Pau pour inftruire & juger le Procès aux nommés Pierre , Charpentier de Navires , & Pierrés Freres, ainfi qu'à leurs Complices, Fauteurs, Participes ou Adhérans, de la Contrebande faite de quatre Ballots de Tabac en Poudre, déclarés au Bureau de la Coutume de Bayonne le 9 Décembre 1741, sous le nom du nommé Jolibois, pour transporter en Espagne, & que ces Particuliers joints à d'autres, ont introduit en France, après avoir forcé deux Employés des Fermes qui les escortoient, pour s'assurer de la sortie du Tabac, de se retirer.

Du 30 Janvier 1742.

Arrest du Conseil, qui commet le Sieur Massart, Subdélégué Général de l'Intendance de Haynault & Valenciennes, pour instruire & juger en dernier ressort le Procès au nommé Jean Ruquoy, Employé de la Brigade des Fermes établie dans le Village de Couroube, pour raison des violences & voyes de fait par lui exercées contre le nommé Parisot commandant ladite Brigade, ensemble aux Complices, Fauteurs, Participes ou Adhérans desdits faits, &c.

Du 31 Janvier 1742.

* Jugement de la Commission du Conseil, établie à Rheims, qui condamne le nommé Louis Gerby, dit la Jeunesse, se disant Marchand Quinqualier, Colporteur sans domicile, natif de Luneville en Lorraine, en neuf années de galeres pour complicité de mauvais traitemens, violences, excès, de vols de guet appens, commis sur un Employé des Fermes à la sortie du Village de Chauviray en Franche-Comté.

Du 3 Février 1742.

* Jugement de la Commission du Conseil, établie à Rheims, qui condamne les nommés Jacques Paris, dit Demont, ou Monsieur Demont Manouvrier, Charles Paris Tisserand en Batiste, & Jean Bouvé, aussi Tisserand en Batiste, tous trois du village de Seboncourt en Picardie, en cinq années de galeres, & en mille livres d'amende chacun solidairement, pour contrebande en Sel & Tabac avec attroupement au dessus du nombre de cinq, sans armes.

Du 6 Février 1742.

Arrest du Conseil, qui commet le Sieur Colleau, Président de la Commission établie à Rheims, pour instruire & juger en dernier ressort le Procès aux nommés Mammez Vincent, Noël Boyer & Anne Boucher, ensemble à leurs Complices, Fauteurs, Participes ou Adhérans de la contrebande mentionnée au Procès-verbal des Employés des Fermes de la Brigade de Montormaltier en Champagne, des 26 & 27 Septembre 1741; ladite Contrebande consistant en six cens soixante-onze aulnes d'Indienne trouvées sur une voiture attelée de quatre chevaux, conduite par lesdits Vincent, Boyer & Boucher, circonstances & dépendances.

Du 6 Février 1742.

Arrest du Conseil, qui resilie & annulle les baux passés les 15 & 18 Mai 1740, au profit du Sieur Chevillor & Compagnie, des terres, prairies, moulins & magasins y énoncés, situés dans la Ville & aux environs de Thiers en Auvergne, à l'effet d'y ensemencer & cultiver du Ris, & ce, au moyen de la destruction des Risieres, à cause des maladies que leur humidité peut occasionner.

Du 6 Février 1742.

* Arrest du Conseil, qui défend tous magasins & entrepôts d'Huiles en Champagne, dans les deux lieues des frontieres de cette Province, & Réglement pour prévenir la fraude des Droits de la Ferme des Huiles, sur celles qui sortent de ladite Province, ou qui roulent dans l'intérieur, & sur les frontieres d'icelle.

Du 8 Février 1742.

* Jugement de la Commission du Conseil, établie à Rheims, qui condamne les nommés Toussaint Bouvin, valet de charue, du village d'Audigny près Guise en Picardie, & Charles Guisenet, manouvrier sans residence, natif de la Paroisse d'Issy près

Paris, en cinq années de galeres, & en mille livres d'amende
chacun solidairemement, pour Contrebande en faux Sel & faux
Tabac, avec attroupement au nombre de sept sans armes.

Du 12 Février 1742.

* Jugement de la Commission du Conseil, établie à Rheims,
qui condamne le nommé Nicolas-Charles Deville, dit Tirtour
ou le Nez coupé, se disant Marchand de Fromages du village
de Seboncourt en Picardie, en cinq années de galeres, & en
mille livres d'amende, pour Contrebande en Tabac avec attroupement.

Du 13 Février 1742.

Arrest du Conseil, qui pour distinguer les Tapisseries d'Au-
busson & de Feilletin, ordonne que celles de Feilletin seront
lissées autour de chaque Piéce d'une bande en couleur brune
foncée, qui ne pourra avoir plus d'un seiziéme d'aulne de large,
sur laquelle sera mis le mot Feilletin, avec les premieres & der-
nieres lettres du nom & surnom du Fabriquant qui l'aura faite, &
ce au métier, & non à l'aiguille, à peine de confiscation & de
mille livres d'amende pour chaque Piéce ; & défend ausdits
Fabriquans de Feilletin de substituer à la bande de couleur
brune foncée la bande de couleur bleuë destinée exclusivement
pour la marque distinctive des Tapisseries fabriquées à Aubus-
son, à peine de confiscation, & de cinq cens livres d'amende.

Du 13 Février 1742.

Arrest du Conseil, portant établissement de deux Inspecteurs
des Manufactures : sçavoir, un pour la Généralité d'Ausch &
Pau, aux appointemens de deux mille livres, & l'autre à la re-
residence de S. Gaudens pour le Pays de Nebouzan, & les
quatre vallées d'Aure, Nestés, Barousse, Magnoac & lieux cir-
convoisins, aux appointemens de six cens livres, lesquels appointemens de l'un & l'autre Inspecteur seront assignés sur les
Charges Locales desdites Provinces, & payés par les Tresoriers
d'icelles.

Du 13 Février 1742.

* Arreſt du Conſeil, qui ordonne que dans le courant de l'année 1742, les Titulaires des priviléges ou permiſſions pour différens établiſſemens, qui ont tenté inutilement, ou négligé juſqu'à preſent d'en faire uſage, ſeront tenus de les exercer & faire valoir, & d'en juſtifier devant les Sieurs Intendans des Provinces du Royaume, faute de quoi leſdits priviléges ou permiſſions demeureront nuls ou revoqués.

Du 13 Février 1742.

Arreſt du Conſeil, qui commet le Sieur Carraud, Subdélégué de l'Intendance de Flandres, pour juger le Procès à l'extraordinaire du nommé Pierre Baude, ci-devant Receveur des Droits de la Ferme des Huiles à Lille, accuſé d'avoir diverti les deniers de ſa recette.

Du 13 Février 1742.

Arreſt du Conſeil, qui relativement aux Articles IX. & X. du Concordat paſſé entre le Roi & Sa Sainteté le 11 Mars 1734, & à l'Arreſt du Conſeil du 16 des mêmes mois & an ; ordonne que les laines qui ſortiront du bas Comtat, pour être portées à Vaulreas & dans ſon Enclave qui eſt dans le haut Comtat ſeront déclarées au Bureau de Suze ; que celles qui ſeront deſtinées pour les Communautés des Pilles, Aubres, Eyrolle & Valouze, qui font auſſi partie du haut Comtat ſeront déclarées au Bureau de Tulette, conformément à l'Ordonnance de M. le Vice-Légat du 22 Aouſt 1741, par balles & poids deſdites laines ; en vertu deſquelles déclarations il ſera expédié des acquits à caution qui ſeront viſés dans les Bureaux de la route, & rapportés déchargés par les Conſuls ou Receveur des Fermes des Bureaux du Droit de Poids, des lieux de la deſtination des laines ; que les déclarations ſeront faites & les acquits à caution pris dans les Bureaux de Suze & Tulette, ſans que les Conducteurs puiſſent prendre d'autres routes que celles fixées par ledit Arrest, à peine de confiscation & de trois cens livres d'amende.

Du 13 Février 1742.

Arrest du Conseil, portant que les Laines qui sortiront de Marseille & de Provence pour Avignon & le Comtat, ainsi que celles du cru des lieux de Provence au-de-là de la Durance, enclavées dans le Comtat, ne pourront passer que par les lieux où il y a des Bureaux de Recette des Fermes, établis tant en deçà qu'en delà de la Durance; que les Commis desdits Bureaux tiendront des Registres des Laines qui y passeront, sur lesquels ils enregistreront les quantités de Laines qui y passeront, & qui leur seront déclarées par les Propriétaires ou Conducteurs, ausquels il sera délivré des certificats pour être representés aux Commis de la route; & défend ausdits Propriétaires ou Conducteurs de passer par les ports & passages en-deçà ou au-delà de la Durance où il n'y a point de Bureaux de Recette, à peine de confiscation des Laines, voitures & équipages, & de trois cens livres d'amende.

Du 13 Février 1742.

Arrest du Conseil, qui défend de faire aucun amas & entrepôt d'Huiles dans les quatre lieuës limitrophes du Comtat d'Avignon, & consequemment dans le Comté de Grignay, non plus que dans la Provence, limitrophe du Comtat & du Dauphiné, à peine de confiscation & de trois cens livres d'amende; ordonne que les Muletiers, Marchands & Voituriers representeront leurs Huiles avec les acquits à caution aux Bureaux de passages de la Durance, pour y être visés; permet aux Employés de faire des visites dans lesdites quatre lieuës, de saisir les Huiles qu'ils trouveront entreposées ou dans des chemins obliques, lesquelles seront confisquées, & les Propriétaires, Marchands, Muletiers & Voituriers condamnés en trois cens livres d'amende.

Du 14 Février 1742.

* Jugement de la Commiffion du Confeil établie à Rheims, qui condamne le nommé Michel Molbois, dit Duchefne, du Hameau de Claon en Clermontois, en neuf années de galeres & en mille livres d'amende pour les cas de Contrebande avec attroupement,

Du 16 Février 1742.

* Jugement de la Commiffion du Confeil, établie à Rheims, qui condamne Jean-Baptifte le Noir, Compagnon Tanneur de la Ville de Sens, en cinq années de galeres & en mille livres d'amende pour Contrebande en Tabac avec attroupement au nombre de cinq, fans armes, & Nicolas Bacholet, Fermier de la Ferme de Plongereau, Paroiffe d'Auberive en Champagne, en mille livres d'amende pour avoir donné retraite à une troupe de Contrebandiers.

Du 16 Février 1742.

* Jugement de la Commiffion du Confeil, établie à Rheims, qui condamne Didier Girardot, Cabaretier au Village de Rouvre fur Aube en Champagne, & Nicole Guyot femme dudit Girardot, en mille livres d'amende, pour avoir donné retraite à une Bande de neuf Contrebandiers.

Du 17 Février 1742.

Arreft du Confeil, qui permet aux Négocians qui feront des armemens à Bayonne pour les Ifles & Colonnies Françoifes de l'Amérique, de faire tuer & faler des Bœufs, & de les embarquer pour lefdites Ifles, nonobftant les défenfes portées par un Arreft du Parlement de Bordeaux du 18 Septembre précédent.

Du

Du 19 Février 1742.

Arreſt contradictoire du Parlement de Bretagne, rendu en conformité de ceux de cette Cour des 12 Aouſt 1739, & 6 Aouſt 1740, par lequel il a été jugé qu'un alibi propoſé par deux Accuſés pour moyen de faux contre un Procès-verbal, que l'un étoit à un quart de lieuë, & l'autre à une demie lieuë de l'endroit où les Commis rapportoient les avoir vûs, n'eſt point admiſſible, & que les défauts de procédures de la part du Procureur des Parties pour la formalité de l'inſcription de faux, ne peuvent préjudicier aux Droits du Fermier, ces défauts de procédures n'étant pas eſſentiels, d'autant que les moyens de faux tomboient par eux-mêmes.

Du 20 Février 1742.

Arreſt du Conſeil, qui condamne le nommé Bacqueville, habitant de Bayonne, chez lequel il s'eſt trouvé ſoixante-cinq piéces ou coupons d'Indienne, en trois mille livres d'amende, de laquelle amende les Maire & Echevins de ladite Ville ſont déclarés civilement reſponſables, pour ne s'être pas oppoſés à la rebellion ci-après énoncée; & commet le Sieur Intendant de la Généralité d'Auſch & Pau pour inſtruire & juger le Procès aux Auteurs, Complices, Fauteurs, Participes ou Adhérans des violences & rebellion faites aux Employés des Fermes de ladite Ville le 12 Décembre précédent, à l'occaſion de la ſaiſie par eux faite deſdites Indiennes, leſquelles ont été ſpoliées par les Coupables de la rebellion.

Du 20 Février 1742.

Arreſt du Conſeil, qui déboute les nommées Marie-Madelaine & Jeanne Cocquard, Marchandes à la Flotte en l'Iſle de Ré, de l'appel par elles interjetté de deux Ordonnances de M. l'Intendant de la Rochelle des 9 & 20 Janvier précédent, qui ont prononcé ſur elles la confiſcation de deux piéces de cotton bleu appellé Salempourris, une piéce de Chiquela, & trois coupons de Mouchoirs de foye des Indes, faifis chez la nommée Jeanne Faufelle à qui lefdites Cocquard avoient vendu lefdites Marchandifes, & aux dépens, & ordonne l'exécution defdites Ordonnances.

Du 20 Février 1742.

* Arreft Contradictoire du Confeil, entre les Officiers de l'Election de Paris;

La Veuve du Sieur Roger, Receveur des Aydes à l'Hôtel de Bretonvilliers;

Le Procureur du Roi,
Les Notaires,　　　　au Châtelet de Paris, Intervenans.
Et les Commiffaires,

Au fujet du Scellé appofé, après le décès dudit Sieur Roger, par les Officiers de l'Election de Paris, à la Requefte de Jacques Forceville, Adjudicataire des Fermes Générales; ledit Scellé croifé à la Requefte de la Veuve dudit Sieur Roger, par le Sieur Sautel, Commiffaire du Châtelet:

Qui ordonne que les Officiers de l'Election de Paris feront tenus de reconnoître, lever & ôter les Scellés par eux appofés, & réappofés à la Requefte de l'Adjudicataire des Fermes Générales; finon que lefdits Scellés feront brifés & ôtés par ledit Sieur Sautel, Commiffaire, qui réappofera les fiens partout où befoin fera, pour être par lui reconnus, levés & ôtés, & être par les Officiers du Châtelet procédé par continuation à la defcription & inventaire par eux commencés; fait défenfes aux Officiers de l'Election de les y troubler, à peine de tous dépens, dommages & intérêts; ordonne en outre que ledit Commiffaire Sautel & Me. Collard, Procureur au Châtelet de Paris, demeureront déchargés du Décret d'affigné pour être oüi, prononcé contre eux par l'Arreft de la Cour des Aydes du 18 Décembre 1741, lequel Décret a été déclaré nul & de nul effet.

Nota. Cet Arreft eft fondé fur la mainlevée donnée par l'Adjudicataire des Fermes Générales, de l'appofition du Scellé faite à fa Requête par les Officiers de l'Election de Paris, & qu'il a confenti qu'il demeure nul & fans effet, fans préjudice de fes droits contre la fucceffion dudit Sieur Roger & fes Cautions, & fur ce que la Veuve dudit Sieur Roger a juftifié des mainlevées des oppofitions faites audit Scellé.

Du 27 Février 1742.

* Arrest du Conseil, qui confisque au profit des Pauvres deux piéces de Serge saisies à la Foire de S. Germain des Prés à Paris, sur Pierre Hanin, Marchand à Beauvais ; le condamne en vingt livres d'amende pour chaque piéce, faute de s'être trouvées marquées des plombs de Fabrique & de Controlle, conformément à l'Article XCI. du Réglement pour les différentes sortes d'Etoffes qui se fabriquent dans ladite Ville de Beauvais.

Du 6 Mars 1742.

Arrest du Conseil, qui reléve les nommés Loppes de Pas, Freres Juifs, Négocians à Bordeaux, de l'interdiction de tout Commerce contre eux prononcée par Arrest du Conseil du 16 Janvier précédent, qui les avoit en outre condamné en trois mille livres d'amende pour Commerce de Marchandises d'Indiennes & Etoffes prohibées.

Du 8 Mars 1742.

* Jugement de la Commission du Conseil, établie à Rheims, qui condamne Martin Carré, dit la Pierre, Charron au Village de Marenvois en Tierarche, en cinq années de galeres & en mille livres d'amende pour crime de Faux-saunage & Contrebande en Tabac, avec attroupement au nombre de cinq, & au-dessus, sans armes.

Du 13 Mars 1742.

Arrest du Conseil, qui évoque l'appel interjetté par Jacques Forceville, Adjudicataire des Fermes-Unies, d'une Sentence de la Jurisdiction des Traites de Caën, du 13 Février précédent, par laquelle la Dame Devaux, Marchande de ladite Ville, a été déchargée du payement des quatre sols pour livre sur une partie d'Etain venu d'Hollande pour son compte, pour sur ledit appel, circonstances & dépendances être fait droit aux Parties, aufquelles il eft défendu de fe pourvoir pour raifon de ce ailleurs qu'au Confeil, à peine de nullité, caffation de procédures & de quinze cens livres d'amende.

Du 13 Mars 1742.

Arreft du Confeil, qui évoque une Inftance pendante à la Cour des Aydes de Rouen entre Jacques Forceville Adjudicataire des Fermes Générales Unies, & Jean-Baptifte Chibelier agiffant pour le Capitaine Cambernon, fur l'appel interjetté par ledit Forceville d'une Sentence de l'Election de Montivilliers du 10 Octobre précédent, par laquelle, en recevant ledit Chibelier, oppofant à une contrainte décernée contre lui par le Receveur des Fermes du Havre pour le payement des Droits de neuf livres dix-huit fols par Tonneau, anciens & nouveaux Cinq fols, Subvention, Jauge & Courtage, quatre fols pour livre defdits Droits, & quatre fols pour livre du Droit des grandes Entrées, fur feize Muids trois quarts de Vin d'Efpagne venus par Mer, & déchargés au Havre, l'a déchargé des Conclufions du Fermier, pour fur ledit appel, circonftances & dépendances, être fait droit aux Parties, & leur défend de fe pourvoir pour raifon de ce ailleurs qu'au Confeil, à peine de nullité, caffation de Procédures & Jugemens, quinze cens livres d'amende, & de tous dépens, dommages & intérêts.

Du 13 Mars 1742.

Arreft contradictoire du Confeil, entre M. le Riche de la Poupeliniere, Fermier Général, & M. le Riche de Chevigné fon frere, pour raifon de l'intérêt de M. de la Poupeliniere dans la Régie des Fermes Générales fous le nom de Charles Cordier, & dans les Baux de Louis Bourgeois, Pierre Carlier & Nicolas Desboves, commencés le premier Octobre 1720, & finis le dernier Septembre 1738.

Du 13 Mars 1742.

* Arreft du Confeil, portant Réglement pour les Toiles à

voiles qui se fabriquent à Lokornan, Poulan, Plonerez, Porzay, Mahalon, Melard, Plomodiern, Ploveren, Saint-Nie,
Cast, Quemeneven, Plogonnec, Guenguat, & autres lieux
des environs en Bretagne, contenant quarante-six Articles,
dont le vingt-cinquiéme ordonne que lesdites Toiles seront
marquées aux deux bouts, des noms & demeures des Fabriquans, ou de ceux qui font fabriquer, à peine de confiscation
& de vingt livres d'amende par chaque piéce ; le vingt-septiéme dispense les certificats d'inscription des Fabriquans au
Greffe de la Jurisdiction des Manufactures de Lokornan, d'être
en papier timbré ; le vingt-huitiéme ordonne que les Toiles
seront visitées au Bureau de visite, & marquées comme dessus
de la marque du Bureau, à peine de confiscation & de cinquante livres d'amende pour chaque piéce ; l'Article XXXV.
veut qu'il soit tenu au Bureau de visite à Lokornan un Registre
en papier non timbré pour y enregistrer le nombre de Piéces
de Toiles qui y auront été visitées ; les Articles XL. & XLI.
ordonnent que les ballots desdites Toiles qui sortiront par Mer
pour d'autres Ports du Royaume ou pour l'Etranger seront déclarés au Bureau des Fermes, établi dans la Ville où se fera l'embarquement ; dans lequel Bureau les ballots seront ouverts & visités, pour voir s'ils ne se trouvent pas marqués sur la couture, de
la marque du Bureau de Lokornan, sans que ceux qui se trouveront ainsi marqués puissent être ouverts, mais seulement assujettis à la vérification de ladite marque, & que lesdites Toiles qui, lors de la visite qui en sera faite par lesdits Commis, se
trouveront sans la marque de visite ordonnée par l'Article
XXVIII. seront par eux saisies & confisquées avec amende de
cinquante livres pour chaque piéce, appliquable un tiers au
profit du Roi, un tiers au profit des Commis, & l'autre tiers
aux Pauvres des lieux où les Jugemens seront rendus ; l'Article
XLIII. applique les amendes pour raison des contraventions
audit Réglement : sçavoir, un quart au Roi, un quart aux Pauvres, & l'autre moitié sera remise au Commis préposé à la marque des Toiles dont il tiendra Registre, pour être le produit
desdites amendes employé au payement des appointemens dudit Commis, & aux dépenses nécessaires pour le service du
Bureau de visite sur les Ordonnances de l'Intendant de la Province.

Du 13 Mars 1742.

Arreſt du Conſeil, qui évoque l'appel interjetté en la Cour des Aydes de Rouen par Jacques Forceville, Adjudicataire des Fermes Générales Unies, d'une Sentence du Juge des Traittes du Havre du 6 Novembre précédent, par laquelle il a été fait mainlevée à Thomas Mauſſiel, Capitaine du Navire le Matilde venant de Cork en Irlande, de quarante-ſept demi Barils de Beure excédant la déclaration par lui faite au Bureau du Havre, fondé ſur l'Article VI. du Traité de Commerce avec l'Angleterre en 1713, lequel n'a pas eu d'exécution, & ce nonobſtant l'Article XIII. du Titre II. de l'Ordonnance de 1687, & l'Arreſt & Lettres Patentes des 9 Aouſt & 30 Septembre 1723, ſervant de Réglement pour les déclarations à faire dans les Bureaux des Cinq Groſſes Fermes ; caſſe ladite Sentence, confiſque les quarante-ſept demi Barils de Beure, & condamne ledit Mauſſiel en trois cens livres d'amende, & aux dépens.

Du 15 Mars 1742.

* Jugement de la Commiſſion du Conſeil, établie à Rheims, qui condamne les nommés Jean Doquin & Simon Villemet à être pendus, & Jean Villemet en trois années de galeres, tous trois du Village de Signy près S. Valfroy en Champagne, & en cinq cens livres d'amende chacun ſolidairement, pour crimes de Contrebande avec attroupement & port d'armes, & pour vols, mauvais traitemens & violences exercées ſur les Employés des Fermes.

Du 16 Mars 1742.

* Jugement de la Commiſſion du Conſeil, établie à Rheims, qui condamne le nommé Jean Cellier, dit Grand Colin, Cabaretier demeurant au Village de Vauclé en Champagne, & natif de Soudé Sainte-Croix même Province, à être pendu pour crime de Contrebande en Tabac, avec attroupement & & port d'armes, aſſaſſinat, violences, excès & vols y mentionnés.

Du 20 Mars 1742.

Arreſt du Conſeil, qui déboute le nommé Duclos, Marchand à Mirande, de ſon oppoſition à celui du 18 Juillet 1741, confirmatif de deux Ordonnances du Sieur Intendant de la Généralité d'Auch & Pau, des 29 Décembre 1740, & 4 Janvier ſuivant, qui ont prononcé au profit de Jacques Forceville, Adjudicataire des Fermes Générales Unies, la confiſcation de cent trente-ſept Porcs ſaiſis par les Employés des Fermes au lieu d'Avens, dans la vallée d'Aſpe, ſur ledit Duclos, & l'ont condamné en trois mille livres d'amende, pour avoir voulu faire paſſer leſdits Porcs en Eſpagne, nonobſtant la défenſe de faire ſortir des Beſtiaux du Royaume.

Du 20 Mars 1742.

Arreſt du Conſeil, qui releve le nommé Joſeph Creſpin, Huiſſier en la Cour des Aydes de Paris, de l'interdiction prononcée contre lui, & le décharge de l'amende de trois mille livres, à laquelle il a été condamné par autre Arreſt du 11 Juillet 1741, pour avoir mis à exécution contre pluſieurs Fermiers Généraux un Arreſt de la Cour des Aydes, qui condamnoit le Fermier en quinze cens livres de dommages-intérêts, nonobſtant les défenſes faites à tous Huiſſiers & Sergens de mettre à exécution aucuns Arreſts, Sentences & Contraintes contre les Fermiers du Roi & leurs Cautions, qu'au préalable ils n'ayent remis leſdites piéces dont ils ſont chargés, ès mains du Receveur Général des Fermes à l'effet d'être communiquées aux Cautions du Fermier, & être leſdites Piéces remiſes huitaine après auſdits Huiſſiers.

Du 20 Mars 1742.

Arreſt du Conſeil, qui commet le Sieur Intendant de la Généralité d'Auſch & Pau, pour inſtruire & juger le Procès aux Auteurs, Fauteurs, Complices, Participes ou Adhérans des rebellions & voyes de fait mentionnées au Procès-verbal des Employés des Fermes à Montrizeau, à l'occaſion de la déplan-

tation d'une quantité confidérable de pieds de Tabac trouvés
en plein champ dans le Territoire des Paroiffes de Seintien &
& de Bonac contigues & fituées dans la vallée de Biros.

Du 26 Mars 1742.

* Arreft du Confeil, qui en interprétant celui du 22 Novembre 1689, fait défenfes à tous Marchands, Négocians, &
autres, de faire venir des Pays Etrangers, ni introduire & faire
entrer dans le Royaume aucunes fortes de Toile de fil teint ou
peint, foit que le fil dont elles font compofées foit entierement
teint ou peint, ou qu'elles foient feulement rayées ou marquées
de fil de couleur, & ce fous prétexte que ce ne font point des
Droguets de fil prohibés par ledit Arreft de 1689.

Du 27 Mars 1742.

Arreft du Confeil, qui en caffe un de la Cour des Aydes de
Paris du 20 Juillet 1740, pour avoir infirmé une Sentence du
Juge des Traittes de S. Dizier du 28 Juillet 1739, qui avoit
prononcé la confifcation de cent cinquante-cinq livres de Cui-
vre rompu venant de Lorraine, & que le nommé Louis
Prudhomme avoit fait entrer fans déclaration ni payement de
Droits, & en trois cens livres d'amende, ordonne l'exécution
de ladite Sentence, & condamne ledit Prudhomme aux dépens
faits en la Cour des Aydes.

Du 31 Mars 1742.

* Ordonnance du Roi, qui prefcrit les formalités à obferver
par les Négocians pour jouir de la modération des Droits fur
les Marchandifes provenant de la Traitte des Negres aux Ifles
Françoifes du l'Amérique. *Contenant cinq Articles.*

Du 2 Avril 1742.

* Arreft du Confeil, qui confifque vingt-huit Piéces de Droguet & fept Piéces de Velours de Gueux, le tout Fabrique
d'Angleterre,

d'Angleterre, faisies dans les Magasins du Sieur Bouis, Marchand Drapier à Marseille, par Procès-verbal du Sieur Chretien, Inspecteur ambulant des Manufactures du 5 Mars précédent; condamne ledit Sieur Bouis en trois mille livres d'amende, & l'interdit de tout Commerce directement ou indirectement.

Du 2 Avril 1742.

Arrest du Conseil, qui admet le Sieur Geoffroy, Apoticaire & Membre de l'Académie Royale des Sciences, pour conjointement avec le Sieur Biron & le Sieur Boulduc fils, faire la fabrication des Sels d'Epsum, Sel Ammoniac & autres espéces de Sels servans dans la Médecine, qui se tirent des matieres terreuses nommées Chelot, & des Eaux meres restantes dans les chaudieres lorsque le Sel se forme; à l'effet de quoi ordonne que tout le Chelot & Eaux meres dont ils auront besoin pour la formation desdits Sels, & qui se trouveront dans les Salines de Franche - Comté & des trois Evêchés, leur seront remis pendant les vingt années portées par l'Arrest du 29 Aoust 1741, sans qu'il en puisse être délivré à d'autre qu'à eux, à la charge de se conformer audit Arrest de 1741.

Du 2 Avril 1742.

Arrest du Conseil, qui assigne sur le Produit des trois nouveaux sols pour livre des Droits des Fermes qui se perçoivent aux Entrées & Sorties de Bordeaux, les deux mille livres d'appointemens de l'Inspecteur des Manufactures de la Généralité de Bordeaux, & ce à commencer du premier Janvier 1742.

Du 2 Avril 1742.

Arrest du Conseil, qui par grace & sans tirer à consequence, permet au Sieur Wailh, Négociant à Nantes, d'expédier & envoyer en Guinée par le Port de l'Orient, quoique non compris dans le nombre de ceux désignés par le Réglement du mois d'Avril 1717, pour le Commerce des Isles, son Vaisseau le Prince de Conty, pour y prendre un chargement de Noirs,

& les transporter à Buenos-Aires, en vertu de la permission qu'il en a obtenue de la Cour d'Espagne.

Du 2 Avril 1742.

* Jugement de la Commission du Conseil, établie à Rheims, qui condamne les nommés Pierre Louvel, Manouvrier au Village d'Aisne, Principauté de Clermont; Nicolas le Flou, Vigneron du lieu de Very même Principauté; Joseph Baptiste, du Village de Châtel; & Laurent Mercier, de Maras en Barrois, en cinq années de galeres, & en mille livres d'amende chacun & solidairement, pour Contrebande en Tabac avec attroupement au nombre de six, sans armes.

Du 3 Avril 1742.

* Jugement de la Commission du Conseil, établie à Rheims, qui condamne le nommé Pierre Roheu, Tonnelier au Village de Canchy en Picardie, en cinq années de galeres & mille livres d'amende pour Contrebande en Tabac avec attroupement au nombre de cinq, sans armes.

Du 4 Avril 1742.

* Arrest du Conseil d'Etat Privé, qui ordonne l'exécution des Edits, Déclarations, Arrests & Réglemens concernant les droits & fonctions des Huissiers du Conseil & de la grande Chancellerie; en consequence que dans toutes les affaires qui seront portées au Conseil, ou dans les Commissions qui en seront émanées, il ne pourra être donné aucune assignation, ni être fait aucune signification aux Parties domiciliées dans le lieu de l'instruction, que par le ministere desdits Huissiers, à peine de nullité desdites assignations & significations, & contre les autres Huissiers qui auroient contrevenu ausdits Réglemens, de cinq cens livres d'amende, même d'interdiction.

Fait défenses aux Avocats ès Conseils de charger d'autres Huissiers que ceux du Conseil & de la grande Chancellerie, de donner de pareilles assignations, & de faire lesdites significations.

Enjoint tant aux Greffiers du Conseil, qu'à ceux des Commmissions extraordinaires du Conseil de n'expédier aucuns Arrests ni Jugemens, qu'il ne soit fait mention dans le vû d'iceux, du nom & de la qualité des Huissiers, par le ministere desquels les assignations auront été données, & les significations auront été faites.

Et ordonne que ledit Arrest sera lû en l'assemblée des Avocats aux Conseils, publié & affiché partout où besoin sera, pour être exécuté selon sa forme & teneur.

Du 4 Avril 1742.

* Jugement de la Commission du Conseil, établie à Rheims; qui condamne le nommé Pierre Pelletier, Manouvrier au Village de Seboncourt en Picardie, en cinq années de galeres; & Catherine Testard, dudit lieu de Seboncourt, à être fustigée, flétrie & bannie pour cinq ans, & en mille livres d'amende chacun, pour crime de Faux-saunage & Contrebande en Tabac, avec attroupement au-dessus du nombre de cinq.

Du 5 Avril 1742.

* Jugement de la Commission du Conseil, établie à Rheims; qui condamne le nommé François le Gris, du Village de Beaumay en Picardie, en cinq années de galeres, & en mille livres d'amende, pour Contrebande en Tabac avec attroupement au-dessus du nombre de cinq, sans armes.

Du 5 Avril 1742.

* Jugement de la Commission du Conseil, établie à Valence; qui condamne Louis Michel, dit Peysset, Laboureur de la Paroisse d'Eguille, près d'Aix en Provence, en mille livres d'amende, pour avoir retiré chez lui & favorisé des Contrebandiers.

Du 5 Avril 1742.

* Jugement de la Commission du Conseil, établie à Rheims; qui condamne le nommé Jean Couet, Manouvrier du Village

d'Ercœuvre en Picardie, en cinq années de galeres & en mille
livres d'amende, pour Faux-faunage & Contrebande en Tabac,
avec attroupement au nombre de huit, sans armes.

Du 6 Avril 1742.

* Jugement de la Commiffion du Confeil, établie à Rheims,
qui condamne le nommé Charles Langlet, Manouvrier au Village d'Orville en Artois, en cinq années de galeres, & en mille
livres d'amende, pour Faux-faunage & Contrebande en Tabac, avec attroupement au-deffus du nombre de cinq, sans armes.

Du 7 Avril 1742.

* Jugement de la Commiffion du Confeil, établie à Rheims,
qui condamne le nommé François de Lannoy à être pendu, &
plufieurs autres Employés aux galeres, pour infidélité dans leurs
Emplois.

Du 10 Avril 1742.

* Jugement de la Commiffion du Confeil, établie à Rheims,
qui condamne le nommé Jean Carton, Manouvrier au Village
de Baillon en Artois, en cinq années de galeres, & en mille livres d'amende, pour Faux-faunage & Contrebande en Tabac,
avec attroupement au-deffous du nombre de cinq, sans armes.

Du 11 Avril 1742.

* Jugement de la Commiffion du Confeil, établie à Rheims,
qui condamne le nommé Jean Berthe, Couvreur en paille au
Village d'Inxan en Boulonnois, en cinq années de galeres, &
en mille livres d'amende, pour Contrebande en Tabac, avec
attroupement au-deffus du nombre de cinq, sans armes.

Du 12 Avril 1742.

* Jugement de la Commiffion du Confeil, établie à Rheims,
qui condamne le nommé Nicolas Salmon, du Village de So-

meil en Lorraine, en neuf années de galeres, & en mille livres d'amende pour cas de Contrebande, avec attroupement resultant au Procès.

Du 12 Avril 1742.

* Jugement de la Commission du Conseil, établie à Valence, qui condamne Nicolas Griveau, & Jean du Molard, de Joncy en Charollois; Antoine Disset, de Saindier en Auvergne; Antoine Brat, de S. Just en Chevaley, Province de Forest; & Claude Lhenry, de Siry en Charollois, en cinq années de galeres pour crime de Contrebande en Tabac, au nombre de cinq, & sans armes; & Henry Grandjean, Cabaretier au Port Guillot sur Saône près Châlons, en mille livres d'amende, pour avoir retiré, passé & nourri lesdits Contrebandiers.

Du 13 Avril 1742.

* Arrest contradictoire de la Cour des Aydes, qui confirme une Sentence de la Jurisdiction des Traittes de Monsaucon, du 23 Février 1739, par laquelle le nommé Jean Gatelet, dit Lépine, Laboureur & Fermier de la Ferme de Serrieux, Paroisse de Chehery, demeurant audit Serrieux, frontiere du Clermontois, Pays reputé Etranger, a été condamné en la confiscation de sept poinçons & demi de Vin, & une caque d'Eau-de-vie, excédant la quantité de six muids, à laquelle sa consommation annuelle se trouve fixée par l'Arrest du Conseil du 15 Avril 1738, en sa qualité de Laboureur & Fermier, en cinquante-cinq livres d'amende & aux dépens, nonobstant un abonnement qu'il prétendoit avoir fait avec le Fermier des Aydes, pour vendre du Vin dans ladite Paroisse, au moyen duquel il soutenoit devoir être excepté de la régle, & avoir dans sa cave autant de Vin & d'Eau-de-vie que bon lui sembleroit.

Du 13 Avril 1742.

* Jugement de la Commission du Conseil, établie à Rheims, qui condamne Charles Gogery, dit Charlot, aux galeres perpétuelles, & Georges Gontier, en neuf années de galeres, &

en mille livres d'amende chacun & folidairement, pour Contrebande en Tabac, Indiennes & autres Marchandifes prohibées, avec attroupement & port d'armes.

Du 14 Avril 1742.

*Jugement de la Commiffion du Confeil, établie à Rheims;
qui condamne Claude Boulanger, Manouvrier du Village de
Cramont en Picardie, en cinq années de galeres, & en mille
livres d'amende pour Contrebande en Tabac, avec attroupement au-deffus du nombre de cinq, fans armes.

Du 14 Avril 1742.

* Jugement de la Commiffion du Confeil, établie à Rheims;
qui condamne Anne Defpoft femme Rolland, Débitante de
Tabac dans la Ville d'Amiens en Picardie, en trois années de
banniffement, & en mille livres d'amende, pour avoir été fur-
prife en faifant raper du faux Tabac chez elle.

Du 16 Avril 1742.

* Jugement de la Commiffion du Confeil, établie à Rheims,
qui condamne le nommé Jacques Seillier, fe difant Marchand
de chevaux, demeurant au Village d'Arcy Sainte Reftitue en
Soiffonnois, & ci-devant Employé dans les Fermes, aux galeres perpétuelles, & en mille livres d'amende pour Contrebande
en Tabac, avec attroupement & port d'armes.

Du 16 Avril 1742.

* Jugement de la Commiffion du Confeil, établie à Rheims,
qui condamne Pierre Humbert, dit le Cavalier, fe difant Marchand de chevaux, de la Paroiffe de Plomion en Tierache, &
Jean Perin, Soldat dans le Régiment des Gardes Françoifes,
& ci-devant Manouvrier, demeurant à Vervin, même Province, aux galeres perpétuelles, & en mille livres d'amende chacun pour Contrebande, avec attroupement & port d'armes.

Du 16 Avril 1742.

*Jugement de la Commission du Conseil, établie à Valence, qui condamne Viard Pannier, Marchand de Fer & de Tabac de la Ville de Dole en Franche-Comté, en cinq cens livres d'amende, & aux dépens, pour avoir contrevenu aux Réglemens faits pour ladite Province, pour la vente & distribution du Tabac.

Du 17 Avril 1742.

Arrest du Conseil, sur la Requeste de Jacques Forceville, Adjudicataire des Fermes Générales Unies, qui évoque une saisie faite le 12 Décembre 1741, de dix-huit Muids & trois Feuillettes de Vin restant de plus grande quantité, trouvés entreposés chez les nommés Piedmontois pere & fils, demeurans au Bourg de Meuvy, Duché de Bourgogne, frontiere de Champagne & Lorraine, dans les quatre lieuës limitrophes des Cinq Grosses Fermes ; & ordonne avant faire droit sur ladite Requeste, qu'elle sera communiquée à Jean Piedmontois, pour y fournir de reponse dans les délais de l'Ordonnance, sinon sera fait droit ainsi qu'il appartiendra.

Du 17 Avril 1742.

Arrest du Conseil, qui casse une Sentence de l'Election de Vire du 17 Mars précédent, pour avoir défendu aux Débitans de Tabac d'en vendre même avec la permission du Fermier, qu'après avoir fait enregistrer ladite permission à leur Greffe, & prêté serment ; ordonne que nonobstant ladite Sentence & celle des mêmes Juges du 16 dudit mois de Mars, qui a décrété d'ajournement personnel le sieur Daigremont & sa femme, Entreposeur du Tabac dans ladite Ville, sous prétexte qu'il vendoit le Tabac sicelé cinquante-deux sols la livre, ledit Daigremont & les Débitans établis dans la Ville & Election de Vire continueront leurs fonctions en la maniere accoutumée ; défend aux Officiers de ladite Election & à tous autres de les y troubler sous telle peine qu'il appartiendra ; évoque & renvoye pardevant M. l'Intendant de Caën les procédures commencées devant les Officiers de ladite Election de Vire, pour être le tout par lui jugé en dernier reffort.

Du 18 Avril 1742.

* Jugement de la Commiffion du Confeil, établie à Valence, qui condamne Nicolas Vitrier, de Neuvy en Bourgogne, en fept années de galeres; Jean Bertrand, de Blanzy en Charollois; Pierre Maurice, de Bey en Bourbonnois; Pierre Savin, de Champreau, & Philippe Badey, de Gourdon en Charollois, en cinq années de galeres pour crime de Contrebande en Tabac, au nombre de fix, & fans armes.

Du 19 Avril 1742.

* Jugement de la Commiffion du Confeil, établie à Valence, qui condamne Jean Lagier, Dominique Lagier, Jacques Lagier, Marcel Aymard, Michel Gueydan, tous du lieu de S. Maurice en Gaudemart, & Jean Blache, du lieu d'Aubeffaines en Champfaur, le tout Province du Dauphiné, en cinq années de galeres, pour crime de Contrebande en Tabac, au nombre de dix, & fans armes.

Du 24 Avril 1742.

* Arreft du Confeil, portant Réglement pour le lavage & la vifite des laines du crû des Provinces de Languedoc, Provence & Dauphiné.

Du 24 Avril 1742.

Arreft contradictoire du Confeil, qui ordonne conformément à ceux des 21 Juillet 1727 & 16 Décembre 1738, que la Chambre du Commerce du Levant établie à Marfeille, fera percevoir à fon profit, en exécution de celui du 21 Juillet 1727, le Droit de dix fols par Millerolle fur les Huiles de la Côte d'Italie, connuës fous le nom d'Huiles de la riviere de Gennes, qui

pafferont

passeront à Marseille ; qu'elle fera auffi percevoir à fon profit les Droits d'entrées de trente-cinq fols par Quintal, établis par l'Arrêt du 17 Décembre 1737, fur lefdites Huiles de la Côte d'Italie, connues fous le nom de la riviere de Gennes, venant directement par quelques endroits, Ports ou Pays du Royaume que ce puiffe être, dans les Ports des Cinq Groffes Fermes, ou qui viendront de Marfeille dans lefdits Ports des Cinq Groffes Fermes, fans rapporter des acquits des Droits de la Foraine de Provence dùs à la fortie de ladite Province fur les Huiles du crû ; que celles defdites Huiles de la Côte d'Italie qui ne feront que paffer par Marfeille, & qui y feront déclarées pour l'un des Ports des Cinq Groffes Fermes, payeront dans ladite Ville le Droit de dix fols par Millerolle dont il fera tenu compte fur le Droit de trente-cinq fols qui feront achevés de payer à l'arrivée defdites Huiles dans les Ports des Cinq Groffes Fermes, en juftifiant du payement dudit Droit de dix fols par Millerolle par les acquits d'icelui, délivrés à Marfeille aux Négocians propriétaires defdites Huiles, fi mieux n'aiment lefdits Négocians acquitter à Marfeille lefdits Droits de trente-cinq fols en entier, auquel cas lefdites Huiles feront expédiées en franchife d'iceux; ordonne en outre que toutes les Huiles généralement quelconques fans diftinction, qui viendront par Dunkerque, & qui feront deftinées pour les Ports des Cinq Groffes Fermes, payeront au profit de ladite Chambre du Commerce du Levant lefdits Droits de trente-cinq fols à leur arrivée dans lefdites Cinq Groffes Fermes : le tout d épendamment du Droit de la Ferme des Huiles & des quatire fols pour livre de ce Droit, qui continueront d'être perçus en la maniere accoutumée, & à la charge par ladite Chambre pe Commerce de compter defdits Droits de dix fols & de trente-cinq fols, ainfi & en la forme prefcrite par lefdits Arrefts des 21 Juillet 1727, & 16 Décembre 1738.

Du 24 Avril 1742.

Arreft du Confeil, qui liquide à la fomme de cinq cens deux mille vingt livres neuf fols dix deniers le rembourfement dû à Jacques Forceville, Adjudicataire des Fermes Générales Unies pour le montant des Droits fur les Marchandifes & autres effets mentionnés aux Passeports expédiés par ordre du Roi pendant la seconde année du Bail dudit Forceville , & ordonne que pour le montant de ladite somme il sera expédié une Ordonnance de comptant sur le Garde du Trésor Royal, laquelle sera payée en une quittance Comptable à la décharge du prix du Bail dudit Forceville.

Du 24 Avril 1742.

Arrest du Conseil, qui liquide à la somme de quatre cens quatre-vingt-seize mille cent quatre-vingt-seize livres quinze sols sept deniers, les payemens faits tant par les Cautions de Nicolas Desboves que par celles de Jacques Forceville , successivement Adjudicataires des Fermes Générales Unies pour l'acquisition du Terrain du Clos Marans, autorisée par Arrests du Conseil des 8 Avril 1732 & 24 Aoust 1734, pour la construction des Bâtimens de la Manufacture & du Bureau du Tabac à Morlaix ; de laquelle somme les Cautions dudit Forceville seront remboursés par le Fermier qui lui succédera dans la Ferme du Tabac.

Du 24 Avril 1742.

*Jugement de la Commission du Conseil, établie à Valence, qui condamne Joseph Clavelet, dit Piquet, de S. Maurice en Savoye, demeurant à la Coste S. André en Dauphiné, aux galeres perpétuelles, pour les cas de Contrebande en Tabac, excès & vol d'armes & d'argent mentionnés au Procès.

Du 24 Avril 1742.

* Jugement de la Commission du Conseil, établie à Valence, qui condamne Claude Giraud, de S. Christophle en Forest, demeurant à Montmerle en Dombes, aux galeres perpétuelles pour crime de Contrebande en Tabac avec récidives.

Du 26 Avril 1742.

* Jugement de la Commiſſion du Conſeil, établie à Valence, qui condamne Melchior Blanc, de Domeſſin en Savoye, en cinq années de galeres, pour Contrebande en Tabac.

Du 26 Avril 1742.

* Jugement de la Commiſſion du Conſeil, établie à Valence, qui condamne Pierre Cuchet, dit la Jeuneſſe, du lieu de Chichilianne en Trieves, Diocèſe de Die en Dauphiné, demeurant au Mayet des Montagnes en Bourbonnois, & Jean Lhenry, dit le Roy, Tonnelier de Siry en Charollois, ſçavoir, ledit Cuchet en cinq années de galeres, & Lhenry en trois années pour les cas de Contrebande en Tabac.

Du 28 Avril 1742.

* Jugement de la Commiſſion du Conſeil, établie à Valence, qui condamne Jean-Claude Cretin, Marechal Ferrant du lieu de Rouzemont, demeurant à Châtenois en Alſace, en cinq années de galeres pour crime de Contrebande en Tabac.

Du 30 Avril 1742.

* Jugement de la Commiſſion du Conſeil, établie à Valence, qui condamne Joſeph & Louis Charnoux, du lieu de Bolozon, Paroiſſe de Napt en Bugey, en trois années de galeres, pour Contrebande en Tabac.

Du premier May 1742.

* Ordonnance du Roi, portant Réglement pour le payement des Troupes; par l'Article IX. & dernier duquel il eſt défendu aux Officiers, Gardes du Corps, Gendarmes, Chevaux Legers, Mouſquetaires, Cavaliers, Carabiniers, Huſſards, Dragons & Soldats de ſe charger d'aucun Sel, Tabac ou autres

Marchandifes de Contrebande pour les tranfporter, vendre ou débiter en quelque maniere que ce puiffe être dans les Provinces du Royaume, à peine contre les Chefs & Commandans de repondre fur leurs payes & biens, des dommages faits aux Fermes du Roi par ceux étant fous leurs charges ; & contre les Gardes, Gendarmes, Cavaliers, Carabiniers, Huffards, Dragons & Soldats, d'être punis fuivant la rigueur des Ordonnances contre les Faux-Sauniers ; défend pareillement à tous les Sujets du Roi, de quelque qualité & condition qu'ils foient, de commettre le Faux-Saunage, ni d'affifter & favorifer en quelque maniere que ce foit les Gens de Guerre qui le commettront, auffi fous les peines des Ordonnances.

Du premier May 1742.

Arreft du Confeil, qui ordonne que par le Sieur de Barillon, chargé de la Recette générale du Droit de demi pour cent, qui fe perçoit fur les Marchandifes venant des Ifles Françoifes de l'Amérique, il fera payé aux Fermiers Généraux une fomme de quatre-vingt-cinq mille neuf cens foixante-quinze livres cinq deniers, par eux avancée pour l'utilité des Manufactures & du Commerce du Royaume, en conféquence de différentes décifions du Confeil.

Du premier May 1742.

Arreft du Confeil, qui évoque & renvoye pardevant le Sieur Intendant de Provence, une faifie faite à Marfeille le 4 Avril précédent, à la Requefte de Noël Chavillot & Compagnie ayant le Privilége exclufif d'enfemencer & cultiver des Ris dans le Royaume, de vingt-fix facs de Rifon ou femence de Ris qu'une autre Compagnie vouloit faire paffer dans le Comtat Venaiffin, fous le nom du Sieur Vallé Piedmontois, dans le deffein d'y établir des Rifieres près celles dudit Chavillot, pour être ladite faifie, circonftances & dépendances jugés par ledit Sieur Intendant.

Du premier May 1742.

Arreſt du Conſeil, qui déboute le nommé Florent Bacque-ville, Bourgeois de Bayonne, de ſon oppoſition à celui du 26 Février précédent, par lequel il a été condamné en trois mille livres d'amende pour raiſon d'une ſaiſie faite en ſon domicile, de ſoixante-cinq piéces ou coupons de Toiles peintes & Indiennes qui furent ſpoliées lors de la ſaiſie, à l'occaſion de laquelle ſpoliation le Sieur Intendant a été commis pour inſtruire & juger le Procès aux Auteurs, Complices, Fauteurs, Partici-pes ou Adhérans d'icelle.

Du 2 May 1742.

* Jugement de la **Commiſſion** du Conſeil, établie à Valence, qui condamne Claude Vaſſard, dit Lhoſte, de Miribel en Dau-phiné, demeurant aux Echelles, partie de Savoye, aux galeres perpétuelles, pour Contrebande en Tabac.

Du 2 May 1742.

* Jugement de la **Commiſſion** du Conſeil, établie à Valence, qui condamne François Foreſt, dit Blondin, du lieu de Prelle en Savoye, en neuf années de galeres, & Guillaume Vicher, dit Sorbet, & Maquignon, du Hameau de Villars en Savoye, Paroiſſe S. Chriſtophe entre deux-Guyers, en cinq années de galeres, pour Contrebande en Tabac.

Du 4 Mai 1742.

* Jugement de la Commiſſion du Conſeil, établie à Valence, qui condamne Felix Replat, Tailleur d'habits demeurant aux Echelles à la partie de Savoye, en neuf années de galeres, pour Contrebande en Tabac.

Du 7 May 1742.

* Jugement de la Commission du Conseil, établie à Valence, qui condamne Antoine Balme, dit Dauphiné & les Grosses Culottes, du lieu de Mondelan en Dauphiné, aux galeres perpétuelles, pour crime de Contrebande en Tabac, au nombre de cinq & au-dessus, avec récidive.

Du 8 May 1742.

* Jugement de la Commission du Conseil, établie à Valence, qui condamne Jean-Louis d'Eglise, dit Maître d'Hôtel, Cabaretier au Hameau de Fragny, Paroisse de Villars-Pourson en Nivernois, en cinq années de galeres, pour Contrebande en Tabac, & faveur prêtée aux Contrebandiers en les retirant, nourrissant & achetant leurs Tabacs.

Du 8 May 1742.

* Jugement de la Commission du Conseil, établie à Valence, qui condamne Hugues Guigue, Marchand de Tabac de la Ville de Besançon en Franche-Comté, en cinq cens livres d'amende, pour avoir vendu du Tabac à des Contrebandiers.

Du 8 May 1742.

* Arrest du Conseil, portant qu'à l'avenir les Droits d'Entrée & de Sortie des Cinq Grosses Fermes sur les Moruës séches de la Pêche Françoise, seront acquittés au poids, à raison de trois sols du cent pesant à l'entrée, & quatre sols six deniers à la sortie, à l'exception de celles provenant de la Pêche des Habitans des Ports de la Province de Normandie, dont les Droits sont fixés par les Arrests du Conseil des 31 Décembre 1664, 22 Janvier & 26 Mars 1665, & 24 Avril 1725, & sans déroger aux Exemptions accordées par les Réglemens rendus en faveur des Moruës de la Pêche de l'Isle Royale & autres, lesquelles seront exécutés pour les tems y énoncés.

Du 8 May 1742.

Arreſt du Couſeil, qui ordonne la démolition du Bureau des trois Cornets, ſitué ſur l'ancien Canal conduiſant de S. Omer à Calais ; l'acquiſition d'un terrain appartenant au Sieur Mache de l'Epinoy, moyennant deux cens livres & la conſtruction d'un autre Bureau ſur la riviere du Roſſignol à ſon embouchure dans le nouveau Canal de Calais à S. Omer, du prix deſquelles acquiſition & ouvrages à faire pour la conſtruction du nouveau Bureau, dont l'adjudication au rabais ſera faite par le Sieur Intendant d'Amiens, l'Adjudicataire ſera payé ſur les Ordonnances dudit Sieur Intendant par les Cautions de Jacques Forceville, Adjudicataire des Fermes Générales, auſquelles il en ſera tenu compte ſur le prix de leur Bail.

Du 8 May 1742.

*Arreſt du Conſeil, qui caſſe une Sentence de l'Election de Lyon du 15 Juillet 1741, pour avoir déchargé le nommé Roze de la demande du Fermier, tendante à la confiſcation du Tabac rapé trouvé & ſaiſi chez lui dans la Ville de Lyon, avec dépens ; confiſque le Tabac rapé avec les uſtenciles ſervant à ſon débit, & le condamne en mille livres d'amende & aux dépens faits en ladite Election.

Du 8 May 1742

Arreſt du Conſeil, qui évoque un appel interjetté en la Cour des Aydes de Paris par Jacques Forceville, Adjudicataire des Fermes Générales Unies, d'une Sentence de l'Election de Laon du 24 Janvier précédent, par laquelle, en annullant un Procès-verbal de ſaiſie d'environ trente livres de Tabac de fraude trouvé chez les Minimes de ladite Ville de Laon, ſans prononcer la confiſcation du Tabac, a renvoyé le Fermier à ſe pourvoir contre qui il aviſera, & ce ſous prétexte, 1°. Que par le Procès-verbal les Employés n'ont point ſommé le Correcteur du Couvent de dire ſon nom & qualité. 2°. Que la Commu-

nauté n'a point été affignée avec le Supérieur. 3°. Que l'origi-
nal du Procès-verbal dépofé au Greffe ne contient aucune affirmation, quoique l'acte fût au bas d'icelui. 4°. Qu'il étoit d'une
écriture différente de celle des Commis qui l'ont figné. 5°. Que
le Juge requis & qui s'eft tranfporté au Couvent avec le Capitaine Général des Fermes , n'a pas redigé lui-même le Procès-verbal. Tous ces motifs ou prétenduës nullités rapportées ,
le Confeil faifant droit fur ledit appel, a caffé & annullé ladite
Sentence, confifqué le Tabac faifi, & condamné lefdits Religieux Minimes en mille livres d'amende & aux dépens faits en
l'Election de Laon.

Du 10 May 1742.

* Jugement de la Commiffion du Confeil, établie à Valence ,
qui condamne Jofeph du Serre-Telmont, de Buiffard en Dauphiné , aux galeres perpétuelles , pour avoir fait la Contrebande
en Tabac après être forti des galeres pour pareil fait ; Jacques
Chabot de S. Bonnet en Champfaur en Dauphiné , en neuf années de galeres , & Pierre Maigre , de la Paroiffe de Cham-
poüillon , Diocèfe de Gap en Dauphiné , en cinq années ,
pour les cas y exprimés.

Du 12 May 1742.

* Jugement de la Commiffion du Confeil, établie à Valence ,
qui condamne Claude Ducerf, de Seurre en Bourgogne , en
neuf années de galeres , Jean Berthet manouvrier , Louis Le
Grand Tourneur audit Seurre , & Charles Thomas, du lieu
d'Acour en Lorraine, en trois années , pour les crimes de Contrebande en Tabac & rebellion y mentionnées.

Du 12 May 1742.

Arreft contradictoire du Parlement de Bretagne, qui déclare
le Sieur François le Bellec , Prêtre , & Jean le Bellec fon
frere , non recevables dans l'appel par eux interjetté d'une Sentence de la Jurifdiction des Traittes de S. Brieuc, du 11 Aouft
1740, par laquelle ledit Jean Bellec & autres avoient été condamnés

damnés chacun en mille livres d'amende pour fraude de Tabac, & ce, faute par eux d'avoir mis ledit appel en état d'être jugé dans les neuf mois, conformément aux Réglemens & aux dépens, quoique ledit Jean le Bellec fût décédé dans le cours de l'instance, & que l'on eût prétendu que le Fermier étoit tenu d'appeller sa Veuve ou Héritiers en reprise ou repudiation de ladite Instance, le Fermier ayant soutenu au contraire qu'au moyen de sa Requeste donnée au Parlement afin de faire prononcer sur la fin de non-recevoir avant le décès dudit Bellec, l'Instance devoit être jugée, comme elle l'a été, en l'état qu'elle se trouvoit.

Du 15 May 1742.

Arrest du Conseil, qui homologue une Délibération prise le 14 Avril précédent en presence de M. l'Intendant, dans l'assemblée des Juges Consuls, des Directeurs de la Chambre du Commerce, des Marchands de Cuirs & du Directeur des Fermes Générales à Bordeaux; ordonne que la Pancarte ou Tarif de la Comptablie de Bordeaux de 1688, qui évalue à quatre livres la douzaine de Peaux de Veau, sera exécuté pour les Peaux en poil venant des Provinces du Royaume, & qu'à l'égard de celles qui seront apprêtées soit en blanc ou de différentes couleurs, les Droits en seront payés sur le pied de l'estimation, à raison de six livres la douzaine.

Du 21 May 1742.

* Jugement de la Commission du Conseil, établie à Valence, qui condamne Alexis Mermet, de Douchoux, André Mermet, Jean-Baptiste Job, Jean-Baptiste Perrin, tous de la Paroisse de la Coste S. Georges en Comté, en cinq années de galeres; Claude Roch, de ladite Paroisse de la Coste S. Georges, & Marie-Anne Perrier, de la Paroisse des Bouchoux, à être sustigés & bannis des Provinces de l'étendue de la Commission, pour crime de Contrebande en Tabac, au nombre de cinq & au-dessus.

Du 28 May 1742.

* Arreſt du Conſeil, qui en interprétant celui du 14 Septembre 1741, ſervant de Réglement pour le tranſport des Marchandiſes de Librairie, Eſtampes & autres Imprimés venant de Rouen à Paris ; ordonne que les Voituriers qui n'auront aucune Marchandiſe de Librairie dans leur chargement, en feront une mention particuliere dans l'affirmation qu'ils ſont tenus de faire de leurs Inventaires devant le Juge de la Vicomté de l'Eau à Rouen, & commet le Sieur Noël, Inſpecteur à Paris, pour ſuivre l'exécution, devant le Lieutenant de Police, du Réglement de 1741.

Du premier Juin 1742.

* Jugement de la Commiſſion du Conſeil, établie à Rheims, qui condamne le nommé Etienne Flamin, dit Bagnolet, jardinier demeurant à Paris, en trois années de galeres & en cinq cens livres d'amende, pour avoir été en habitude d'introduire dans Paris toutes ſortes de Marchandiſes prohibées que les Bandes de Contrebandiers y apportoient ; Jean-Antoine Imbert, dit Baillet, natif de Château-neuf du Maſan en Dauphiné, & demeurant auſſi à Paris, en trois ans de banniſſement & en mille livres d'amende, & René Godard, natif d'Uſſon en Poitou, à être blâmé & en mille livres d'amende, pour le cas de Contrebande en Indiennes & en Tabac.

Du 2 Juin 1742.

* Jugement de la Commiſſion du Conſeil, établie à Rheims, qui condamne la Communauté des Habitans du Village de Beauzé en Verdunois, en cinq cens livres d'amende, pour n'avoir pas fait ſonner le tocſin ſur une Bande de Contrebandiers armés qui exercerent pluſieurs violences ſur des Employés des Fermes dans ledit lieu de Beauzé, où ils en aſſaſſinerent un, & laiſſerent deux autres pour morts ſur la place.

Du 8 Juin 1742.

* Jugement de la Commiſſion du Conſeil, établie à Rheims, qui condamne le nommé Jacques Renard, ſe diſant Laboureur du Village de Chepy près Varennes en Clermontois, à être pendu pour rebellion faite aux Employés des Fermes, & port d'armes; & Nicolas Mauroy, ſe diſant Roulier, du Hameau de Ronchamp, Paroiſſe de Vienne-le-Château, auſſi en Clermontois, aux galeres perpétuelles & en mille livres d'amende, pour Faux-Saunage & Contrebande en Tabac, avec attroupement & port d'armes.

Du 19 Juin 1742.

Arreſt du Conſeil, qui évoque une conteſtation pendante au Parlement de Bordeaux, entre l'Adjudicataire des Fermes Générales Unies, & le nommé Jeac, Négociant à Marennes, au ſujet d'une indemnité par lui demandée à l'occaſion d'un prétendu retardement de délivrance de congés, pour charger des Sels de l'Iſle d'Olleron ſur le Navire du Sieur Pettermatzen, Capitaine Danois, circonſtances & dépendances, pour être fait droit aux Parties ainſi qu'il appartiendra, avec défenſes de ſe pourvoir pour raiſon de ce ailleurs qu'au Conſeil, à peine de nullité, caſſation de procédures & jugemens, & de trois mille livres d'amende.

Du 19 Juin 1742.

Arreſt du Conſeil, qui évoque l'appel d'une Sentence de la Juriſdiction des Traittes & du Tabac de la Ville de Dijon, du 27 Février précédent, par laquelle, en prononçant la confiſcation de quatre cens vingt-quatre livres & demi de faux Tabac ſaiſi près de la Paroiſſe de Dampierre, Duché de Bourgogne, ſur le nommé Jean Dupreux pere & deux de ſes fils, de la Paroiſſe de Buſſy en Franche-Comté, n'a condamné ces trois particuliers qu'en mille livres d'amende ſolidairement, au lieu de les avoir condamné chacun en celle de mille livres, conformément à la Déclaration du premier Aouſt 1721 ; ordonne

que sur ledit appel les Parties procéderont au Conseil, avec défenses de faire aucunes pourfuites ni procédures ailleurs, & au
Parlement de Dijon de passer outre au jugement dudit appel:
le tout sur les peines qu'il appartiendra.

Du 19 Juin 1742.

Arrest du Conseil, qui commet le Sieur Colleau, Lieutenant Criminel au Châtelet de Melun, pour informer & juger
le procès aux Coupables, Complices, Participes & Adhérans,
de la rebellion, voyes de fait, & mauvais traitemens faits aux
Employés des Brigades de Meriel-Brunetel & de Brie, Direction de S. Quentin le 9 May précédent par les Habitans
du Village de la Vaquerie, situé dans les trois lieues du Cambresis, limitrophes de Picardie, à l'occasion de la capture faite
par lesdits Employés, du nommé Eloy, se disant Pourvoyeur
de Tabac pour ledit Village de la Vaquerie, avec vingt-une
livres de faux Tabac, au lieu de douze livres qu'il déclara avoir
la permission d'acheter, sans la représenter, lequel s'évada lors
de la rebellion.

Du 21 Juin 1742.

* Jugement de la Commission du Conseil, établie à Rheims,
qui condamne la Communauté des Habitans de Lory devant
le Pont, Evêché de Metz, en cinq cens livres d'amende, &
différens Particuliers dudit lieu au carcan, & d'autres au blâme,
pour rebellion faite aux Employés des Fermes.

Du 22 Juin 1742.

* Jugement de la Commission du Conseil, établie à Rheims,
qui condamne la Communauté des Habitans de Bertranbois,
Evêché de Metz, en cinq cens livres d'amende; Anne Forcombat, femme de Jean Simon, au carcan & en cent livres
de dommages & intérêts, & blâme plusieurs Particuliers dudit
lieu, pour rebellion aux Employés des Fermes.

Du 26 Juin 1742.

Arrest du Conseil, qui, par grace & sans tirer à consequence, releve le Sieur Bouis, Marchand Drapier de la Ville de Marseille, de l'interdiction du Commerce contre lui prononcée par autre Arrest du 2 Avril précédent, qui le condamnoit en outre en trois mille livres d'amende, pour avoir été trouvé & saisi dans ses Magasins vingt-huit piéces de Droguet & sept piéces de Velours de Gueux, Fabrique d'Angleterre; lui enjoint de se conformer aux Arrests & Réglemens concernans le Commerce des Etoffes prohibées, sous les peines y portées, & de plus grandes, s'il y échet.

Du 26 Juin 1742.

Arrest du Conseil, qui ordonne l'exécution de ceux des 10 Juillet 1703 & 16 Janvier 1706, servant de Réglement pour le Commerce des Marchandises du Levant; & deffend d'introduire dans la Ville, Port, & Territoire de Marseille, aucunes sortes de Toiles de fil teint ou peint, rayées & à carreaux, ou marquées de fil de couleur, autres que celles provenant du Commerce du Levant, ni d'en faire Commerce & usage, à peine de confiscation, & de trois mille livres d'amende, & d'interdiction de tout Commerce.

Du 26 Juin 1742.

* Arrest du Conseil, qui permet aux Fermiers des Carosses & Messageries de toutes les Provinces du Royaume, tant en droiture que de traverse, à l'exception des Coches d'eau de Paris à Auxerre, de continuer à percevoir pendant six mois, à commencer du premier Juillet 1742, le quart en sus d'augmentation du prix des Voitures, tant de la conduite des Voyageurs & Prisonniers à la charge de Sa Majesté ou d'autres, que du transport des ballots, paquets, marchandises, or & argent, papiers, Procès Civils & Criminels, & autres choses qui seront transportées par la voye desdits Coches, Carosses & Messageries.

Du 2 Juillet 1742.

* Jugement de la Commiſſion du Conſeil, établie à Rheims ; qui condamne le nommé Louis Coutelet, Cabaretier Aubergiſte du Village de Vitry ſur Seine, près Paris, en mille livres d'amende, pour avoir donné retraite pendant pluſieurs années aux Contrebandiers & à leurs chevaux.

Du 3 Juillet 1742.

Arreſt du Conſeil, qui commet le Sieur Heriard pour inſtruire & juger toutes les affaires criminelles qui ſurviendront dans les Généralités de Tours, Moulins, Bourges & Poitiers, à l'occaſion de l'introduction, vente & débit à port d'armes ou a troupement auſſi à port d'armes, des Marchandiſes prohibées, du faux Sel & du faux Tabac, enſemble les Procès qui doivent être inſtruits & jugés tant contre les Auteurs & Complices deſdits Contrebandiers, circonſtances & dépendances, que contre les Commis des Fermes deſdites Généralités qui ſeront convaincus de favoriſer la Contrebande & le Faux-Saunage, ſoit en livrant le paſſage aux Contrebandiers & Faux-Sauniers, ſoit en s'appropriant les Marchandiſes ſaiſies, & les vendant, ou de quelqu'autre maniere que ce puiſſe être.

Du 4 Juillet 1742.

* Jugement de la Commiſſion du Conſeil, établie à Rheims, qui condamne le nommé Jean-Baptiſte Cordier, Marchand à Charleville, à être rompu vif, pour avoir, de deſſein prémédité, aſſaſſiné un Employé des Fermes du Roy ſur le grand chemin de Donchery.

Du 6 Juillet 1742.

* Jugement de la Commiſſion du Conſeil, établie à Rheims, qui condamne le nommé Nicolas Ponulin, dit l'Antechriſt, ſe diſant Marchand de chevaux, du lieu de Vienne-le-Château

en Clermontois, à être pendu, pour Contrebande en Sel &
Tabac, avec attroupement, port d'armes, rebellion, meurtre, & autres cas y mentionnés.

Du 11 Juillet 1742.

Arrest contradictoire de la Cour des Aydes, qui confisque
du Tabac rapé saisi chez Luc Blanvillain, Marchand à Tours,
& le condamne en mille livres d'amende, & aux dépens tant
des causes principales que d'appel.

Du 13 Juillet 1742.

* Jugement de la Commission du Conseil, établie à Rheims,
qui condamne le nommé Jean Lavancier, du lieu de Plomion
en Tierache, aux galeres perpétuelles & en mille livres d'a-
mende, pour les cas de Contrebande avec attroupement &
port d'armes.

Du 16 Juillet 1742.

* Jugement Souverain des Requestes de l'Hostel, qui déclare nulles les informations faites tant par le Juge des Traittes que par les Jurats de la Ville de Bordeaux, ensemble toute
la procédure qui s'en est ensuivie, au sujet d'une rebellion commise par les Ecoliers de ladite Ville, le 27 Avril 1739, à la
porte des Salinieres, dans laquelle quelques-uns des Rebelles
ont été tués & plusieurs Employés blessés ; ordonne que par le
Sieur Maboul, Maître des Requestes, Rapporteur, il sera in-
formé, à la Requeste du Procureur Général du Roy, poursuite
& diligence de Jacques Forceville, Adjudicataire des Fermes
Générales Unies, des faits contenus au Procès-verbal du Juge
des Traittes de Bordeaux du 27 Avril 1739 ; ensemble de ceux
énoncés dans les plaintes dudit Forceville, des 28 & 29 desdits mois & an ; que lesdites informations & procédures demeureront jointes au Procès, pour servir de Mémoire seulement ; que le nommé Jean Vimenay, Employé Billetier pour
les Fermes du Roy à Bordeaux, condamné à mort par Sentence du Juge des Traittes de Bordeaux, du 8 May 1739,

confirmée par Arreft de la Cour des Aydes de ladite Ville, du 12 defdits mois & an, pour avoir tué deux perfonnes à fon corps défendant dans le tems de ladite rebellion, fera élargi & mis hors des Prifons de la Conciergerie du Palais à Paris, & eu égard au requifitoire du Procureur Général, enjoint au Juge des Traittes de Bordeaux de fe conformer à l'Ordonnance de 1670 dans l'inftruction des Procédures criminelles.

Du 17 Juillet 1742.

Arreft du Confeil, qui approuve le contrat d'afieffement paffé à Jacques Forceville, Adjudicataire des Fermes Générales Unies, par Jean-François Belleoncle, le 14 Avril précédent, en exécution de l'Arreft du Confeil du 30 Janvier de ladite année, d'une place fife dans le dehors de la Ville du Havre, pour fervir à incendier les coftes de Tabac provenans de la Manufacture établie dans ladite Ville ; & ordonne que la fomme de cinquante livres de rente annuelle pour le prix dudit afieffement, fera à la charge des Fermiers du Tabac, chacun dans le courant de fon bail.

Du 17 Juillet 1742.

Arreft du Confeil, qui évoque & renvoye pardevant le Sieur Intendant de Bretagne, une procédure commencée par les Officiers de Police de la Ville de Fougere, à la Requefte du Procureur du Roy audit Siége, tant contre le Sieur Martin, Commis au Bureau de la Marque des Toiles de ladite Ville, que contre le Sieur de Montigny, ancien Syndic & Subdélégué en la même Ville, dont la fuite pourroit interrompre le fervice dudit Bureau, pour être le tout jugé par ledit Sieur Intendant.

Du 17 Juillet 1742.

Arreft du Confeil, qui évoque & renvoye pardevant le Sieur Intendant du Duché de Bourgogne, les procédures criminelles commencées en quelques Jurifdictions que ce foit, tant à la Requefte des Ouvriers de la Manufacture Royale de Seignelay

lay, contre plufieurs Particuliers dudit lieu, qu'à la Requefte
defdits Particuliers contre lefdits Ouvriers, à l'occafion d'un
attroupement à la porte de ladite Manufacture, dans le deffein
d'y entrer pour commettre des défordres & maltraiter les Ouvriers de ladite Manufacture, pour être le tout jugé en dernier
reffort par ledit Sieur Intendant, &c.

Du 17 Juillet 1742.

Arrest du Confeil, qui commet le Sieur Intendant du Duché
de Bourgogne, pour informer & juger le procès aux nommés
Claude & Bernard Rouffy, Meûniers au moulin de Muffignan,
enfemble à leurs Complices, Fauteurs, Participes ou Adhérans des contraventions, rebellion, violences & mauvais traitemens exercés contre les Employés des Fermes aux Portes du
Meuffel, à l'occafion d'une faifie par eux faite près le Port de
Bellegarde, de quatre facs de Bled que lefdits Rouffy faifoient
paffer en Savoye, en contravention aux Réglemens qui défendent la fortie des Bleds.

Du 17 Juillet 1742.

Arrest du Confeil sur la Requefte de Jacques Forceville,
Adjudicataire des Fermes Générales Unies, tendante à la caffation d'une Sentence de l'Amirauté de Marfeille du 29 Avril
précédent, pour avoir fait mainlevée d'un batteau & de plufieurs caiffes de Marchandifes de Toileries & autres appartenant
au Sieur Aillaud, faifies en Mer à la fortie de Marfeille fans
déclaration, & que le Sieur Saillant vouloit embarquer
pour la Martinique fur fon Vaiffeau le S. Antoine; ordonne que ladite Requefte fera communiquée audit Sieur Aillaud & à Jean-Louis Cafle conduifant ledit batteau, pour y
fournir de réponfes dans les délais de l'Ordonnance, & être
enfuite ordonné ce qu'il appartiendra.

Du 17 Juillet 1742.

* Jugement de la Commiffion du Confeil, établie à Rheims;

qui condamne le nommé Nicolas Marly , Tiſſerand du Lieu d'Arſigny en Tierache, aux galeres perpétuelles , & en mille livres d'amende , pour Contrebande avec attroupement & port d'armes.

Du 19 Juillet 1742.

* Ordonnance du Roy, qui défend aux Capitaines des Navires déſarmés aux Iſles de l'Amérique de payer dans leſdites Iſles , la ſolde dùë à leurs Equipages ; leur enjoint d'en faire les décomptes en préſence des Officiers chargés du détail des Claſſes ; & régle les formalités à obſerver à ce ſujet. *Contenant 6 Articles.*

Du 20 Juillet 1742.

* Bail de la Ferme Générale du Tabac dans la Ville d'Avignon & Etat Venaiſſin, appartenant à la Chambre Apoſtolique & Légation d'Avignon , fait aux Intéreſſés dans les Fermes Générales de France , ſous le nom de François Cornély , pour neuf années , à commencer du premier Octobre 1742 , pour finir au dernier Septembre 1751.

Du 24 Juillet 1742.

Arreſt du Conſeil, qui admet M. Bouret dans les Fermes Générales , à la place de feu M. Thiroux de Lailly.

Du 27 Juillet 1742.

Arreſt Contradictoire de la Cour des Aydes de Bordeaux, qui confiſque deux bariques d'Indigo , pour avoir été ſouſtraites du Magaſin d'Entrepoſt à leur arrivée , ou leur juſte valeur; condamne le Négociant en cent livres d'amende , & défend aux Juges inférieurs du reſſort de la Cour de modérer les amendes , à peine d'en répondre.

Du 28 Juillet 1742.

* Jugement de la Commiſſion du Conſeil, établie à Rheims;

qui condamne le nommé Jean Blondel, du Village de Maurepas en Picardie, en neuf années de galeres, & en mille livres
d'amende pour crime de Faux-saunage & Contrebande en Tabac, avec attroupement au-dessus du nombre de cinq, sans
armes.

Du 31 Juillet 1742.

* Jugement de la Commission du Conseil, établie à Rheims,
qui condamne le nommé Bon Chardon, dit Petit Jean, se disant Nicolas Dubreuil, Savoyard de nation, sans domicile, à
être pendu pour crime de Contrebande avec attroupement &
port d'armes, rebellions & meurtres mentionnés audit Jugement.

Du 31 Juillet 1742.

Arrest du Conseil, qui déclare les Marchands Apoticaires-
Epiciers-Droguistes-Ciriers de la Ville de Rouen, ayant pris
les fait & cause du Sieur Routier, aussi Marchand Epicier-Dro-
guiste-Cirier de la même Ville, ainsi que ledit Routier, non recevables dans leur opposition à l'Arrest du 23 Janvier précédent, par lequel, en cassant deux Arrests de la Cour des Aydes
de Rouen des 22 Mars & 14 Aoust 1741, ledit Sieur Routier a
été condamné au payement du Droit Local de cinquante sols
du cent pesant de Cire, sur de la vieille Cire & bouts de Cierges qu'il avoit fait entrer dans la Ville de Rouen, le 14 Juin
1740.

Du 31 Juillet 1742.

Arrest du Conseil, sur la Requeste de Jacques Forceville,
Adjudicataire des Fermes Générales Unies, tendante à la cassation de deux Sentences de la Jurisdiction des Traittes de Nantes des 24 Mars & 5 Mai précédens, pour avoir condamné le
Fermier à restituer aux Sieurs Struykman Freres, Négocians
à Nantes, cent quarante-cinq Piéces d'Etoffes Salempouris provenant des Ventes de la Compagnie des Indes, que lesdits Sieurs
Struykman prétendoient ne s'être plus trouvées dans l'Entrepost longtems après le séjour que lesdites Etoffes y devoient
faire, & pourquoi elles devoient être confisquées, & eux con-

H ij

damnés en mille livres d'amende, conformément à l'Ordonnance ; ordonne que ladite Requeste sera communiquée ausdits Sieurs Struykman, pour y fournir de réponses dans les délais de l'Ordonnance, sinon sera fait droit ainsi qu'il appartiendra.

Du 31 Juillet 1742.

Arrest du Conseil, qui décharge les Fers ou Fontes en Gueuses ou en Boccages provenant du Fourneau d'Echalonge en Franche-Comté, Bailliage de Gray, qui seront transportés dans les Forges de Vosges en Lorraine, des Droits de Sortie portés par l'Ordonnance de 1680, & autres Réglemens, & notamment par l'Arrest du 2 Avril 1701.

Du 3 Aoust 1742.

* Jugement de la Commission du Conseil, établie à Rheims, qui condamne le nommé Pierre Delouarde, Manouvrier, du lieu de Masnigué, Fauxbourg du Cateau Cambresis, en cinq années de galeres, & en mille livres d'amende, pour crime de Faux-saunage, Contrebande en Tabac avec attroupement au nombre de huit, sans armes.

Du 4 Aoust 1742.

* Jugement de la Commission du Conseil, établie à Rheims, qui condamne le nommé Nicolas Richoux, ci-devant Brigadier des Fermes du Roy en la Ville de Rethel-Mazarin, à être pendu, pour avoir détourné à son profit du Tabac par lui saisi, & avoir, à prix d'argent, procuré l'évasion d'un Contrebandier par lui arrêté, & qu'il étoit chargé de conduire dans les prisons huit, de Rheims.

Des 7 & 14 Aoust 1742.

Arrest du Conseil & Lettres Patentes, portant que Monsieur le Prince de Condé sera payé par le Sieur Couet, Payeur des Gages & autres Charges assignées sur les Fermes Générales : 1°. D'une somme de quatre mille livres, employée dans l'Etat du Roy de l'année 1740, sous le nom du Surintendant Général & Reformateur des Mines & Minieres de France, dont étoit pourvû feu Monsieur le Duc; 2°. De celle de dix-huit cens quatre-vingt-six livres treize sols deux deniers, dont est fait fonds dans l'Etat du Roy de l'année 1741, sous le nom des Héritiers & Ayans cause de Monsieur le Duc de Bourbon, Propriétaire dudit Office, pour portion de gages ou rentes dûes depuis le premier Janvier jusqu'au 19 Juin 1741, jour que la quittance de remboursement de la somme de cent mille livres, prix dudit Office, a été expédiée; 3°. De celle de deux mille cent trente-cinq livres onze sols deux deniers, qui doit être employée dans l'Etat du Roy de l'année 1742, sous le nom de Monsieur le Prince de Condé, & qui lui est dûe au même titre de gages ou intérêts depuis ledit jour 19 Juin 1741, datte de la quittance de remboursement de la somme de cent mille livres jusqu'au 2 Janvier 1742, que ledit remboursement a été réellement fait; & ce nonobstant la prétention dudit Sieur Couet, qui soutenoit que lesdits gages ou intérêts devoient être considérés comme gages intermédiaires, & remis à l'Adjudicataire des Fermes Générales Unies, dont les gages intermédiaires font partie de son Bail.

Du 7 Aoust 1742.

Arrest du Conseil, qui commet le Sieur Intendant de Picardie pour faire l'adjudication au rabais des ouvrages & reparations à faire au bâtiment neuf de la maison appartenant au Roy, servant de Bureau des Fermes à Calais, du prix desquels ouvrages & reparations, l'Adjudicataire sera payé sur les Ordonnances dudit Sieur Intendant par Jacques Forceville, Adjudicataire des Fermes Générales Unies, auquel il en sera tenu compte sur le prix de son Bail.

Du 9 Aoust 1742.

* Jugement de la Commission du Conseil, établie à Valence, qui condamne Pierre Violat, de la Paroisse d'Arry, près du Chayla en Vivarez, à être pendu, pour crime de Contrebande en Tabac avec attroupement au nombre de cinq & au-dessus, &

port d'armes, & pour avoir commis les vols, violences & excès mentionnés audit Jugement.

Du 11 Aouſt 1742.

Arreſt du Conſeil Royal de Luneville, qui admet M. Bouret dans les Fermes Générales de Lorraine à la place de feu M. Thiroux de Lailly.

Du 14 Aouſt 1742.

Arreſt du Conſeil, qui fixe à quatre années le tems de l'Entrepoſt des Toiles & autres Marchandiſes propres pour le Commerce de Guinée ſeulement.

Nota. Cet Arreſt n'a pas eu d'exécution au moyen de celui du 2 Octobre ſuivant.

Du 14 Aouſt 1742.

Arreſt du Conſeil, qui évoque l'appel interjetté par Charles Madier & André Nicol, Marchands au Bourg S. Andeol, d'une Sentence du Juge des Fermes au S. Eſprit, du mois de Février précédent, qui a prononcé la confiſcation de douze piéces de Cadis ſaiſies par les Employés des Fermes de la Brigade du Bourg de S. Andeol, faute d'être marquées des noms & demeures des Fabriquans non plus que du plomb de fabrique, & qu'elles n'avoient point le nombre de portées ni la largeur preſcrites par les Réglemens ; & faiſant droit ſur ledit appel, ordonne l'exécution de ladite Sentence, prononce de nouveau la confiſcation deſdites Etoffes, & ajoûte que leſdites Etoffes feront coupées de trois en trois aulnes, & modere par grace à cinquante livres l'amende de cent livres portée par ladite Sentence.

Du 17 Aouſt 1742.

* Arreſt de la Cour des Aydes, confirmatif avec amende & dépens, d'une Sentence de l'Election de Lyon, du 17 Novembre 1741, qui a prononcé la confiſcation d'environ deux livres

de Tabac rapé, faifi chez le nommé François Chamoux, Marchand Parfumeur à Lyon, & l'a condamné en mille livres d'amende.

Du 17 Aouſt 1742.

* Jugement de la Commiſſion du Conſeil, établie à Rheims, qui condamne les nommés Edme Freſſon, Blâtier, du Village d'Hirſon en Tierache, & Alexandre Jourdevant, ſe diſant Jean Lievin, Laboureur du Hameau de Sommeron, Paroiſſe de Claire-Fontaine auſſi en Tierache, à être pendus, pour Contrebande en Tabac, avec attroupement, port d'armes, rebellion & meurtre, mentionnés audit Jugement.

Du 21 Aouſt 1742.

Arreſt du Conſeil, qui permet à la Chambre du Commerce de Marſeille de ſe rembourſer ſur le produit du Droit de trente-cinq ſols par quintal d'Huile venant de la Coſte d'Italie dans les Ports des Cinq Groſſes Fermes, de la ſomme de cent quatre-vingt mille livres, avec les intétêts échus à raiſon de cinq pour cent, que le Roy avoit autoriſé ladite Chambre du Commerce d'emprunter, pour employer tant à la dépenſe des armemens à elle ordonnés de faire contre les Corſaires Tuniſiens, qu'à fournir aux beſoins des François détenus à Tunis, & au dédommagement accordé, par ordre du Roy, au Dey d'Alger.

Du 22 Aouſt 1742.

Arreſt contradictoire de la Cour des Aydes de Bordeaux, confirmatif d'une Sentence de la Juriſdiction des Traittes de ladite Ville du 23 Mars 1741, portant confiſcation de ſix barriques de Vin rouge, du crû de la Juriſdiction de Rauzay, tranſvaſé de jauge Bazadoiſe en jauge Bordeloiſe, enſemble de trois charettes & de trois paires de Bœufs qui ſervoient au tranſport du Vin, & renouvelle les défenſes faites par l'Arreſt de ladite Cour du 17 Décembre 1738, & autres, de tranſvaſer les Vins du Bazadois en batriques de jauge Bordeloiſe.

Du 23 Aouſt 1742.

* Traitté de Commerce, Navigation & Marine entre le Roy & le Roy de Dannemark, contenant quarante-ſix Articles, dont le ſixiéme porte que les Marchandiſes de France ne payeront en Dannemark que les mêmes Droits que les Négocians Dannois, & reciproquement les Dannois ne payeront en France que les mêmes Droits que payeront les François; accorde en outre aux Vaiſſeaux Dannois l'exemption du Droit de Fret, & le quarantiéme; exempte reſpectivement du Droit d'Aubaine les Sujets des deux Nations Françoiſes & Dannoiſes.

Du 27 Aouſt 1742.

* Jugement de la Commiſſion du Conſeil, établie à Rheims, qui condamne le nommé Jean Haupin, dit Hubert, Roulier du Village de Montreuil en Tierache, à être pendu, pour Contrebande en Tabac, avec attroupement, port d'armes, rebellion & meurtre mentionnés audit Jugement.

Du 28 Aouſt 1742.

* Jugement de la Commiſſion du Conſeil, établie à Rheims, qui condamne le nommé Jacques Dieu, ſe diſant Laboureur & Marchand de chevaux du Village de Ronſſoy en Picardie, en cinq années de galeres, & en mille livres d'amende, pour Contrebande en Tabac avec attroupement au-deſſus du nombre de cinq, ſans armes.

Du 28 Aouſt 1742.

* Jugement de la Commiſſion du Conſeil, établie à Rheims, qui condamne le nommé Philippes Rouſſier, dit Pere Philippes, Tiſſerand en Toiles fines du Village de Walincourt en Cambreſis, en cinq années de galeres, & en mille livres d'amende, pour Contrebande en Tabac, avec attroupement au-deſſus du nombre de cinq, ſans armes.

Du

Du 28 Aoust 1742.

Arrest du Conseil, qui permet au Sieur Toulongeon, Cornette des Chevaux-Legers de la Garde du Roy, de faire passer en Lorraine huit cens mill'ers de Fonte provenant de ses fourneaux du Crochet de la Barbe, situés en Franche-Comté, & ce en exemption des Droits de Sortie portés par l'Ordonnance de 1680, & autres Réglemens, & notamment par l'Arrest du Conseil du 2 Avril 1701.

Nota. Cet Arrest ne dit point si l'exemption est pour huit cens milliers par an

Du 28 Aoust 1742.

Arrest du Conseil, qui ordonne le remboursement à Jacques Forceville, Adjudicataire des Fermes Générales Unies, d'une somme de deux cens soixante-seize mille neuf cens trente neuf livres treize sols huit deniers par lui payée des deniers de la troisiéme année de son Bail, pour supplément des rentes des Paroisses de Paris, Versailles, Marly & S. Germain en Laye, à cause de la reduction d'icelles au denier quarante, remedes fournis par le Sieur Helvetius, & envoys d'iceux dans les Provinces, indemnités, gratifications & autres dépenses énoncées audit Arrest.

Du 28 Aoust 1742.

Arrest du Conseil, qui commet le Sieur Colleau, Commissaire du Conseil à Rheims, à la place de M. l'Intendant de Soissons, nommé par autre Arrest du 21 Juillet 1739, pour instruire & juger le Procès suivant les derniers erremens de la Procédure, tant au nommé Duhamel, Capitaine Général, & autres Employés des Fermes aux Postes de Pontavert & Juvincourt, qu'aux Sieurs Beaupigny, Receveur, & Daugeau, Président de la Jurisdiction des Traittes de S. Marcel sous Laon, & aux autres Accusés, Auteurs, Fauteurs, Complices, Participes ou Adhérans, d'une soustraction faite par lesdits Employés chez ledit Receveur des Traittes de S. Marcel, de Toiles peintes

& Etoffes prohibées, saisies par les mêmes Employés ; ensemble aux Coupables des autres spoliations qui peuvent avoir été faites de partie desdites Etoffes, circonstances & dépendances.

Du 28 Aoust 1742.

Arrest du Conseil, qui en conséquence du désistement signifié le 23 Juin 1741 par Jacques Forceville, Adjudicataire des Fermes Générales Unies, de l'appel par lui interjetté d'une Sentence de l'Amirauté de Portbail & Carteret, du 13 May de la même année, fait mainlevée d'un batteau saisi par les Employés des Fermes au Port de Carteret, le 7 Avril 1741, appartenant au nommé Benjamin Luce, Habitant des Isles de Gersey, ensemble d'une somme de cent quatre-vingt-douze livres dix-sept sols d'espéces trouvées cachées sous des pierres servant de lest, & des Marchandises & autres effets saisis par le Procès-verbal desdits Employés ledit jour 7 Avril 1741, sans aucuns dépens, dommages & intérêts.

Du 28 Aoust 1742.

Arrest du Conseil, qui déboute les Religieux Minimes de la Ville de Laon de leur opposition à celui du 8 May précédent, par lequel, en cassant une Sentence de l'Election de ladite Ville, du 24 Janvier de ladite année, pour avoir annullé un Procès-verbal, sous prétexte de prétendues nullités, rapportées audit Arrest, lequel prononce la confiscation de trente livres treize onces de faux Tabac saisi dans le Couvent desdits Religieux, & mille livres d'amende contre eux, & néanmoins, par grace & sans tirer à consequence, modére à dix livres ladite amende.

Du 2 Septembre 1742.

* Arrest du Conseil, portant que les Capitaines de Navires & autres Bâtimens, qui dans la quinzaine du jour de la déclaration de leur arrivée dans les Ports de Mer, ne representeront pas aux Bureaux des Fermes, les balles, ballots, tonneaux & caisses, en même nombre contenu en la déclaration d'arrivée, seront censés & reputés avoir introduit clandestinement dans

le Royaume des Marchandises de Contrebande, & comme
tels condamnés en la confiscation de la Marchandise, laquelle
sera évaluée à trois mille livres; & en outre en une amende de
pareille somme, à moins qu'il ne soit justifié d'un empêchement
légitime, & constaté au déchargement desdits Bâtimens que
lesdites balles, ballots, tonneaux & caisses n'ont pû être représentés aux Bureaux desdites Fermes dans la quinzaine de leur
arrivée.

Du 4 Septembre 1742.

* Arrest du Conseil, portant que les Marchandises qui sont
dans le cas de profiter de la franchise accordée aux Foires de
Troyes, seront visitées au Bureau établi dans ladite Ville, &
les ballots marqués, ficelés & plombés, & la sortie des Marchandises de ladite Ville certifiée par les Commis du Fermier.

Du 4 Septembre 1742.

* Arrest du Conseil, qui ordonne l'exécution des Lettres Patentes du mois d'Avril 1717, portant Réglement pour le Commerce des Isles : casse trois Sentences de la Jurisdiction des
Traittes du Havre, des 25 Octobre, 14 & 21 Novembre
1741, & condamne les Sieurs Vaustable, Le Boüis, de la
Haye, David l'aîné, & Jean Feray, à payer les Droits d'Entrée des Marchandises arrivées de Marseille & Dunkerque,
au Havre, & par eux déclarées à la destination de l'Entrepost
pour les Isles & Colonies Françoises, conformément à l'Article X. des Lettres Patentes de 1717, qui n'admet point d'e-
xemption des Droits d'Entrées sur les Marchandises destinées
pour les Isles, lorsqu'elles viennent de Marseille & Dunkerque
dans les Ports du Royaume dénommés pour le Commerce des
Isles.

Du 4 Septembre 1742.

Arrest du Conseil, qui commet le Sieur Baron, chargé de
différens examens concernans les Manufactures, pour faire la
visite & dresser Procès-verbal de la situation de la mine de
Charbon de Terre que M. de Basleroy est dans le dessein de

faire exploiter près la Ville de Bayeux, de la façon dont elle doit être exploitée, & de la qualité & quantité de Charbon qu'elle pourra produire, pour ledit Procès-verbal être par lui remis à M. le Controlleur Général, à l'effet d'en rendre compte au Roy.

Du 11 Septembre 1742.

Arrest du Conseil, qui défend pendant une année la sortie de la Province de Normandie d'aucuns Cidres, même des fruits destinés à en faire, à peine de confiscation & de mille livres d'amende.

Du 11 Septembre 1742.

Arrest Contradictoire du Conseil, qui régle les contestations d'entre M. le Riche Fermier Général, & M. le Riche de Chevigné son frere, pour raison de l'intérêt de M. de la Poupeliniere dans la Régie des Fermes Générales, sous le nom de Charles Cordier, & dans les Baux de Louis Bourgeois, Pierre Carlier, & Nicolas Desboves, commencés le premier Octobre 1720, & finis le dernier Septembre 1738.

Du 11 Septembre 1742.

Arrest du Conseil, sur un conflit de Jurisdiction entre le Parlement & la Cour des Aydes de Paris, au sujet de la vente des meubles du Sieur Rouvelin, Receveur Général de la Ferme du Tabac, dans laquelle le nommé Landoy, Huissier de la Ferme qui la faisoit, a été troublé par quatre Huissiers Priseurs accompagnés d'un Commissaire au Châtelet, qui prétendoient être seuls en droit de faire ladite vente, & sur quoi il a été fait beaucoup de procédures criminelles, tant à la Cour des Aydes qu'au Parlement; ordonne l'exécution des Articles XXVI. du Titre VIII. de l'Ordonnance des Aydes de 1680, XVIII. du Titre commun de l'Ordonnance de 1681, ensemble des Arrests & Lettres Patentes des 30 Octobre & 4 Décembre 1731 : ce faisant, & sans s'arrêter aux Arrests du Parlement des 13 & 20 Aoust 1742, décharge Forceville, Adjudicataire des Fermes Générales Unies & l'Huissier Landoy, des assigna-

fions à eux données au Parlement ; en conſequence , ordonne
que l'Arreſt de la Cour des Aydes du 17 dudit mois d'Aouſt
ſera exécuté , & que ſuivant icelui la procédure extraordinaire,
commencée en l'Election de Paris , à la Requeſte deſdits Forceville & Landoy, contre les nommés Mirſin , Rotin , Gilquin & Hallé , Huiſſiers Priſeurs , & le Sieur Rocrolle , Commiſſaire au Châtelet , ſera continuée juſqu'a Sentence définitive
incluſivement , ſauf l'appel à la Cour des Aydes.

Du 11 Septembre 1742.

Arreſt du Conſeil , qui évoque une ſaiſie faite par les Employés des Fermes à Marſeille , le 21 Juin précédent , de cent
barriques de Sucres , pour n'avoir acquitté que moitié des Droits
de Poids & Caſſe , ſous prétexte qu'ils étoient envoyés par Jean
Ferquet , Négociant , en qualité de Citadin de Marſeille , quoiqu'ils fuſſent pour le compte des Sieurs Pierre & Jacques Ferquet d'Amſterdam , pour , ſur ladite ſaiſie , circonſtances & dépendances , être ordonné ce qu'il appartiendra , & fait défenſes
aux Parties de ſe pourvoir pour raiſon de ce ailleurs qu'au Conſeil , à peine de nullité , caſſation de Procédures & Jugemens,
& de trois mille livres d'amende.

Du 11 Septembre 1742.

Arreſt du Conſeil , qui commet M. l'Intendant de Dauphiné
pour faire l'acquiſition au nom du Roy , de la Veuve Belet ,
d'un Terrain contenant ſoixante toiſes , ſitué au lieu & Port
d'Iſſeron , moyennant la ſomme de cent cinquante livres une
fois payée , & douze livres de rente non rachetable , payable
au Sieur Comte de Saſſenage , à la décharge de ladite Veuve
Belet ; laquelle ſomme de cent cinquante livres , ainſi que ladite rente , ſera payée par l'Adjudicataire des Fermes auquel il
en ſera tenu compte ſur le prix de ſon Bail , & à ſes Succeſ-
ſeurs de la rente de douze livres ſeulement ; ordonne que par
ledit Sieur Intendant il ſera fait adjudication des ouvrages néceſſaires pour la conſtruction d'un Corps de Garde ſur ledit
Terrain , deſquels ouvrages les Entrepreneurs ſeront payés ſur

les Ordonnances du Sieur Intendant par Jacques Forceville, Adjudicataire des Fermes Générales.

Du 14 Septembre 1742.

* Jugement de la Commiſſion du Conſeil, établie à Valence, qui condamne Antoine Perrat, dit Toinon & Jolicœur, de la Paroiſſe de Poulle en Beaujollois, à être rompu vif, pour crime de Faux-Saunage & Contrebande en Tabac, avec attroupement, port d'armes, & pour les excès, violences, voyes de fait, vols & meurtres y mentionnés.

Du 15 Septembre 1742.

* Jugement de la Commiſſion du Conſeil, établie à Valence, qui condamne Jean Herault, dit Gros Jean, du lieu de Fraiſſendoze, Paroiſſe d'Ibengeau en Velay, à être pendu pour crime de Faux-Saunage & Contrebande en Tabac, avec attroupement & port d'armes, & pour les autres crimes énoncés audit Jugement.

Du 17 Septembre 1742.

* Jugement de la Commiſſion du Conſeil, établie à Valence, qui condamne Nicolas Corrotte, dit le Friſé, du lieu de Laiſſey près Beſançon en Franche-Comté, aux galeres à perpétuité, pour crime de Contrebande en Tabac avec attroupement au nombre de cinq & au-deſſus, & ſans armes, excès & rebellion mentionnés audit Jugement, & Jeanne Chanſeau, femme de Jean Dufauſſé, de la Ville de Seurre en Bourgogne, à être battue & fuſtigée de verges, & bannie pendant trois années des Provinces de l'étendue de la Commiſſion, pour Contrebande en Tabac & autres cas reſultans dudit Jugement.

Du 18 Septembre 1742.

Arreſt du Conſeil, qui commet M. l'Intendant de Tours, pour inſtruire & juger le Procès au nommé Bernard, Paſſementier à Tours, accuſé d'avoir volé aux Fabriquans de ladite

Ville des Soyes de différentes couleurs pas lui achetées d'Ouvriers qui les avoient volées aux Fabriquans qui les leur ont confiées.

Du 18 Septembre 1742.

Arrest du Conseil, qui continue pendant vingt années, à compter du premier Octobre 1742, en faveur de Marie Moreau, Veuve de Pierre Chicaneau & d'Henry Trou, leurs Hoirs & Ayans cause, le privilége de la Manufacture de Porcelaine & Fayance établie à S. Cloud, pour en jouir pendant ledit tems, aux charges, clauses, conditions & exemptions portées par les Lettres Patentes des 16 Mai 1702, 15 Mars 1713, & 15 Septembre 1722, avec défenses à eux de louer ou céder ledit privilége, sans permission du Roy, à peine d'en être déchus, &c.

Du 18 Septembre 1742.

* Arrest du Conseil, qui permet pendant une année, à compter du jour & datte dudit Arrest, l'Entrée dans le Royaume, des Beures venant d'Angleterre, d'Ecosse & d'Irlande, en payant les Droits dûs.

Du 18 Septembre 1742.

Arrest du Conseil, qui commet M. l'Intendant de la Généralité de la Rochelle pour faire l'adjudication au rabais des ouvrages & reparations à faire pour retablir les bords de la riviere de Boutonne, depuis le Port de S. Jean d'Angely jusqu'à l'Ecluse de Bernouet, ensemble ladite Ecluse, celle de Tonnay Boutonne & les Bâtimens en dépendans, conformément au Devis qui en a été dressé le 9 Juillet précédent ; du prix desquelles reparations l'Adjudicataire sera payé sur les Ordonnances dudit Sieur Intendant par Jacques Forceville, Adjudicataire des Fermes Générales, auquel il en sera tenu compte sur le prix de son Bail.

Du 19 Septembre 1742.

Arreſt du Conſeil, par lequel le Roy accorde au Sieur François Fayet l'aîné, Fabriquant à Lyon; le Titre de Fabriquant
Privilégié des Etoffes de Sa Majeſté & de la Couronne.

Nota. Cet Arreſt n'accorde aucune exemption des Droits des Fermes ſur les Etoffes
de la Fabrique dudit Sieur Fayet.

Du 19 Septembre 1742.

* Jugement de la Commiſſion du Conſeil; établie à Valence;
qui condamne Jean-Baptiſte Monlevin, dit Colombe, du lieu
de Very en Franche-Comté, aux galeres pour cinq années,
pour crime de Contrebande en Tabac, avec attroupement au
nombre de cinq, & ſans armes.

Du 19 Septembre 1742.

*Jugement de la Commiſſion du Conſeil, établie à Valence;
qui condamne Denis Noirot, du Village de Rye, Paroiſſe de
Chaſſagne en Franche-Comté, aux galeres pour cinq ans, pour
Contrebande en Tabac, avec attroupement au nombre de cinq
& au-deſſus, ſans armes.

Du 20 Septembre 1742.

* Jugement de la Commiſſion du Conſeil, établie à Valence;
qui condamne Jacques Sapin l'aîné, & Jacques Sapin le cadet, dit Chambon, freres, du lieu de Choupiere, Paroiſſe de Beuriere en Auvergne, ſçavoir, ledit Jacques Sapin l'aîné, à être
pendu, pour fait de Faux-Saunage & Contrebande avec attroupement au nombre de cinq & au-deſſus, & port d'armes, excès,
vols, violences & meurtres y mentionnés, & ledit Sapin le
cadet aux galeres perpétuelles, pour les cas de Contrebande
en Tabac, reſultant dudit Jugement.

Du

Du 21 Septembre 1742.

* Jugement de la Commission du Conseil, établie à Valence, qui condamne Claude Chambard, du lieu de Crottet en Bresse, aux galeres perpétuelles, pour Contrebande en Tabac & autres resultans dudit Jugement.

Du 21 Septembre 1742.

* Jugement de la Commission du Conseil, établie à Valence, qui condamne François Simon, dit Lorrain, du lieu de Droin S. Pierre en Lorraine, aux galeres à perpétuité, pour Contrebande en Tabac, & autres resultans dudit Jugement.

Du 22 Septembre 1742.

* Jugement de la Commission du Conseil, établie à Valence, qui condamne Benoît Giraud, de la Paroisse de Vernet en Auvergne, aux galeres à perpétuité; Pierre la Sourretté, de la Paroisse de Souviat aussi en Auvergne, aux galeres pour neuf années, pour crimes de Faux-Saunage, Contrebande en Tabac, & autres resultans dudit Jugement; & le nommé Antoine Fouilloux, du lieu de S. Point en Mâconnois, en trois années de galeres, pour Contrebande en Tabac & autres exprimés audit Jugement.

Du 23 Septembre 1742.

Arrest du Conseil, portant établissement d'un quatriéme Inspecteur Ambulant des Manufactures, aux Appointemens de trois mille six cens livres, qui seront imposés au marc la livre de la Taille, sçavoir, deux mille livres sur les Provinces de Limosin, la Marche, Angoumois & Saintonge, & seize cens livres sur la Généralité d'Orleans, au lieu du sol par Piéce d'Etoffes qui se fabriquoient dans l'étendue de l'Inspection d'Orleans; laquelle somme de trois mille six cens livres sera remise au Tresor Royal par les Receveurs Généraux des Finances, pour être payée à l'Inspecteur Ambulant sur les ordres du Roy.

Du 25 Septembre 1742.

* Déclaration du Roy, qui prononce des peines corporelles & afflictives contre les Commis & Employés dans les Postes, qui seront convaincus de prévarications. *Regiſtrée au Parlement & en la Cour des Aydes les 11 Octobre & 14 Décembre suivant.*

Du 25 Septembre 1742.

* Ordonnance du Roy, qui fait défenses à toutes sortes de personnes d'introduire dans la Ville de Paris, par des voyes subreptices, aucuns Libelles & Imprimés, sous les peines portées par les Réglemens rendus pour l'entrée des Livres. De faire aucuns étalages de Livres, & d'avoir des Boutiques portatives sur les Ponts, Quays & autres lieux de la Ville de Paris, à peine de confiscation, de mille livres d'amende, & de punition exemplaire, si le cas y échet.

F I N.

TABLE

DES

EDITS, DECLARATIONS,

ARRESTS ET REGLEMENS,

Rendus pendant la quatriéme Année du Bail de M^e.
JACQUES FORCEVILLE.

Commencée le premier Octobre 1741, & finie le dernier Septembre 1742.

CONCERNANT les Gabelles de France, Lyonnois, Dauphiné, Provence, Languedoc, Roussillon, Auvergne, Salines de Moyenvick; Gabelles des Evêchés de Metz, Toul & Verdun; Gabelles & Domaines de Franche-Comté & d'Alsace, & Droits manuels.

Du 3 Octobre 1741.

ARREST du Conseil, qui déboute le Sieur Claude Allemand de toutes ses demandes, fins & conclusions ; en consequence ordonne que les Droits de Douannes ou Traittes Foraines sur les foins, avoines, vivres & ustenciles nécessaires pour la sub-

GABELLES.   A

fiftance & approvifionnement de la voiture des Sels pour la
Savoye, feront payés au premier Bureau de l'enlevement par
ceux qui feront chargés de la voiture defdits Sels ; ordonne pareillement que lefdits Entrepreneurs payeront, pour raifon defdits Sels, le Droit de Blanque appartenant aux Propriétaires
des Salins de Péccais, enfemble le Droit de petit Blanc & doublement d'icelui, deftinés pour les reparations du Pont Saint
Efprit, comme aufli les Droits dûs fur les mêmes Sels pour le
péage d'Orange, & ceux attribués aux Officiers de Sa Majefté
pour leurs vacations aux recollemens defdits Sels à la fortie du
Royaume.

Du 3 Octobre 1741.

Arreft du Confeil, qui déboute les nommés Jean-François
Soyer, Marguerite Regnard, & Marie Raboury, femme de
Pierre Minguet, tous demeurans au Hameau de Montplaifir,
Paroiffe de Sarton en Artois, de leur oppofition à celui du 27
Juin précédent, portant évocation de l'appel par eux interjetté
à la Cour des Aydes, d'une Sentence de la Jurifdiction des Fermes à Hefdin, du 28 Décembre 1740, par laquelle ils ont été
condamnés, fçavoir, ledit Soyer en deux cens livres d'amende,
& lefdits Regnard & Raboury chacun en cent cinquante livres,
avec confifcation du Sel gris & blanc fur eux faifis dans les
trois lieuës de la Province d'Artois, limitrophes à la Picardie.

Du 3 Octobre 1741.

Arreft du Confeil, qui commet le Sieur Intendant de la Généralité de Lyon, pour inftruire & juger en dernier reffort le
procès du nommé Girotru, Revendeur de Sel à petites mefu-
res au Boifdoint, arrêté au Port d'Ance avec un cheval chargé
de deux facs de Sel qu'il venoit d'acheter à Trevoux, pour le
revendre en Faux-Saunage.

Des 17 Octobre 1741 & 9 Janvier 1742.

Arreft du Confeil & Lettres Patentes, portant augmentation de fix livres par minot de Sel qui fera vendu & débité au

Grenier de Gex pendant neuf années, à compter du premier Janvier 1742, pour le Produit être employé à la construction d'un chemin de S. Claude à Genêve. *Regiſtrées au Parlement de Dijon le premier Février 1742.*

Du 24 Octobre 1741.

* Arreſt du Conſeil, qui ordonne qu'en payant par les Cautions de Jacques Forceville, Adjudicataire Général des Fermes-Unies & du Tabac, par chacune année, tant que le Dixiéme aura lieu, la ſomme de deux cens trente mille livres, par forme d'abonnement; leſdits Cautions feront la retenue du Dixiéme ſur les parties de leurs frais de Régie, qui peuvent y être ſujettes, & ſur les appointemens de leurs Commis.

Du 24 Octobre 1741.

Arreſt du Conſeil, qui ordonne à M. le Procureur Général de la Cour des Aydes de Paris d'envoyer au Greffe du Conſeil les motifs d'un Arreſt de ladite Cour du 6 Septembre précédent, confirmatif d'une Sentence du Grenier à Sel de Candé, du 17 Février 1740, par laquelle le nommé René Eſnault, de la Paroiſſe de Maran, a été déchargé de la confiſcation de Lard ſalé de Sel d'Impoſt ſaiſi chez lui, & de l'amende par lui encourue, ſous prétexte de la déclaration faite à l'Audience, que le Lard appartenoit à ſa Mere, qui avoit obtenu long tems auparavant la permiſſion d'employer ſon Sel d'Impoſt en groſſes Salaiſons, quoique, lors de la ſaiſie, Eſnault eût déclaré que le Lard lui appartenoit, & ſigné au Procès-verbal; pour leſdits motifs rapportés & examinés, être ordonné ce qu'il appartiendra, toutes choſes juſqu'à ce demeurant en état.

Du 31 Octobre 1741.

Arreſt du Conſeil, qui interdit les Sieurs Turquetil, Grenetier & Hannichard, Controlleur au Grenier à Sel de Falaiſe, des fonctions de leurs Charges pendant deux mois, pour s'être ſuſcités réciproquement des conteſtations dans les fonctions

de leurs Charges, préjudiciables au Public & au service du
Grenier.

Du 14 *Novembre* 1741.

Arreſt du Conſeil, qui ordonne à M. le Procureur Général de
la Cour des Aydes de Rouen d'envoyer au Greffe du Conſeil les
motifs d'un Arreſt de la Cour du 28 Juillet précédent, confirmatif d'une Sentence du Grenier à Sel de la Ville d'Eu, du 24 Décembre 1740, par laquelle le Fermier a été obligé de délivrer
du Sel de Franchiſe, par extraordinaire, aux Marchands Merciers de ladite Ville, pour ſaller les Beures & Crêtes Marines
dont ils font Commerce; pour leſdits motifs vûs & examinés,
être ordonné ce qu'il appartiendra, toutes choſes juſqu'à ce de-
demeurant en érat.

Du 14 *Novembre* 1741.

Arreſt du Conſeil qui commet M. de Regemorte, Ingénieur,
pour faire la viſite & dreſſer Procès-verbal de la néceſſité ou
inutilité de deux Gautiers ou Ouvertures faites pour faciliter le
montage des Batteaux de Sel au Pertuis de Bailly, ſur la Riviere
d'Yonne, pour ledit Procès-verbal vû & rapporté avec l'avis
dudit Sieur de Regemorte, & le devis eſtimatif deſdits deux
Gautiers, au cas qu'il les eſtime néceſſaires, être ordonné ce
qu'il appartiendra.

Du 14 *Novembre* 1741.

Arreſt du Conſeil, qui commet le Sieur Levet, Préſident de la
Commiſſion à Valence, pour inſtruire & juger en dernier reſſort
le Procès, tant aux nommés Antoine & Claude, & la femme
du nommé Claude Grenouillet, dit Jambe de bois, Voiturier
& Regratier au Village du Bois, Paroiſſe S. Maurice de Roche, pour raiſon du Faux-Saunage mentionné au Procès-verbal
des Employés des Fermes au Puy en Velay, du 27 Septembre
précédent, qu'aux Auteurs, Fauteurs, Participes ou Adhérans
dudit Faux-Saunage, ainſi que de la rebellion & voye de fait
exercés le même jour contre leſdits Employés, auſquels il a été

spolié cinq Chevaux & dix facs de Sel blanc qu'ils conduifoient au Puy.

Du 21 Novembre 1741.

Arreſt du Conſeil, portant que les Abbeſſe & Religieuſes de l'Abbaye Royale de Sainte Menoux en Bourbonnois, continueront de jouir annuellement de huir minots de Franc-ſalé à prendre au Grenier de Moulins, conformément aux Arreſts du Conſeil des 4 Septembre 1660, 14 Mars 1676, & 18 Février 1716.

Du 21 Novembre 1741.

Arreſt du Conſeil, qui ordonne l'Impoſition en l'année 1742 d'une ſomme de quatre cens quarante-une livres quatre ſols un denier, ſur tous les Habitans de la Paroiſſe de Louverné, reſſort du Grenier de Laval, Sujets à l'Impoſt du Sel, pour être remiſe aux nommés François Guerin, Michel le Maître, René le Clerc & François Sauvage, principaux Habitans de ladite Paroiſſe, qui ont été obligés de l'avancer au Fermier au lieu & place des Collecteurs de l'année 1738, leſquels ſe ſont trouvés redevables & hors d'état de payer ladite ſomme après la diſcuſſion faite de leurs biens & eſſets.

Du 5 Décembre 1741.

Arreſt du Conſeil, qui commet M. de Bernage, Intendant en Languedoc, pour faire la viſite & adjuger les réparations à faire aux Bâtimens du Bureau des Fermes & des Gardettes de Silvereal, des Corps-de-Gardes de Peccais, de la Maiſon ſervant de Logement aux Employés de la Ville de Meze & de la Maiſon ſervant de Bureau deſdites Fermes & Aydes : le tout appartenant au Roy ; du prix deſquelles reparations les Entrepreneurs ſeront payés par l'Adjudicataire des Fermes Générales auquel il en ſera tenu compte ſur le prix de ſon Bail.

Du 12 Décembre 1741.

Arreſt du Conſeil, qui évoque & renvoye pardevant le Sieur

Intendant de Metz, une Instance criminelle pendante au Bailliage de l'Evêché de Metz, sous prétexte d'une prétendue rebellion faite à un Huissier à l'occasion d'une signification & exécution des Meubles d'un Employé de la Saline de Moyenvic, pour le payement d'une somme de quatorze livres neuf sols dûe par cet Employé à la nommée Elisabeth de Hielle, Veuve Poerson, & qu'il offrit de payer à l'Huissier à sa présentation.

Du 19 Décembre 1741.

* Arrest de la Cour des Aydes, qui enjoint aux Grenetier, Controlleur & Greffier au Grenier à Sel de Brissac, de tenir chacun un Registre, & d'y enregistrer la quantité de Sel qui sera distribué dans le Grenier, à qui & à quel titre la distribution aura été faite, de quelle masse il aura été tiré, le tems & sous quel nom elle aura été entamée & finie ; lesquels Registres seront signés, paraphés & arrêtés, ainsi que celui du Receveur, par lesdits Grenetier, Controlleur & Greffier & le Receveur, à chaque jour de vente, sur le champ & dans le Grenier ; défend ausdits Officiers de se servir de feuilles volantes, ou de papiers cousus ou attachés ensemble, aux peines de l'Ordonnance, avec injonction ausdits Officiers de fournir au Fermier, de quartier en quartier, des certificats du Sel vendu audit Grenier, & de ce qui en restera.

Du 9 Janvier 1742.

Arrest du Conseil, qui, par grace, releve le Sieur Turquetil, Controlleur au Grenier à Sel de Falaise, de l'interdiction prononcée contre lui par autre Arrest du Conseil du 31 Octobre précédent.

Du 9 Janvier 1742.

Arrest du Conseil, qui liquide à la somme de soixante-treize mille vingt-huit livres dix-sept sols onze deniers l'indemnité dûe à Jacques Forceville, Adjudicataire des Fermes Générales Unies, pour le supplément du prix des Sels par lui fournis aux Cantons Suisses Catholiques, en consequence des Traités faits avec eux, & au Chapitre de Besançon pendant la seconde année de son Bail.

Du 10. Janvier 1742.

* Arrest de la Cour des Aydes, qui défend aux Officiers du ressort de la Cour d'annuller les Procès-verbaux des Employés sous prétexte que les actes de leur reception & prestation de serment n'auroient point été déposés au Greffe de la Jurisdiction dans le ressort de laquelle ils exercent leurs fonctions.

Du 20 Janvier 1742.

* Jugement de la Commission du Conseil, établie à Rheims, qui condamne les nommés Jean Lobgeois & Louis Colpin, tous deux du Village de Seboncourt en Picardie, en cinq années de galeres, & en mille livres d'amende chacun solidairement, pour Faux-saunage & Contrebande de Tabac avec attroupement au-dessus du nombre de cinq.

Du 23 Janvier 1742.

* Arrest du Conseil, qui admet M. de Villemur dans les Fermes Générales, à la place de M. son Pere.

Du 26 Janvier 1742.

* Jugement de la Commission du Conseil, établie à Rheims, qui condamne le nommé Henry Herneche, Tailleur de pierres du Village de Sainte Marguerite dans le Pays Messin, en cinq années de galeres & en mille livres d'amende, pour crime de Faux-Saunage, avec attroupement au-dessus du nombre de cinq, sans armes.

Du 27 Janvier 1742.

Arrest du Conseil Royal des Finances & Commerce de Luneville, qui admet M. de Villemur dans les Fermes de Lorraine, à la place de M. son Pere.

Du 30 Janvier 1742.

Arrest du Conseil, qui ordonne que les instances & affaires restant à terminer de la Ferme des Domaines, Gabelles & Salines de Franche-Comté, Alsace & trois Evêchés, du Bail de Michel Parent, commencé au premier Octobre 1718, & fini le dernier Septembre 1719, seront continuées & suivies sous le nom de Jean-Baptiste Sevestre, comme elles auroient pû l'être sous le nom dudit Parent, & sous ceux des nommés Michel-Laurent Patas & Mathieu Chevalier, successivement subrogés audit Parent.

Du 3 Février 1742.

* Jugement de la Commission du Conseil, établie à Rheims, qui condamne les nommés Jacques Paris, dit Demont, ou Monsieur Demont, Manouvrier, Charles Paris Tisserand en Batiste, & Jean Bouré, aussi Tisserand en Batiste, tous trois du village de Seboncourt en Picardie, en cinq années de galeres, & en mille livres d'amende chacun solidairement, pour contrebande en Sel & Tabac avec attroupement au-dessus du nombre de cinq, sans armes.

Du 8 Février 1742.

* Jugement de la Commission du Conseil, établie à Rheims, qui condamne les nommés Toussaint Bourin, valet de charue, du village d'Audigny près Guise en Picardie, & Charles Guisenet, manouvrier sans residence, natif de la Paroisse d'Issy près Paris, en cinq années de galeres, & en mille livres d'amende chacun solidairement, pour Contrebande en faux Sel & faux Tabac, avec attroupement au nombre de sept sans armes.

Du 13 Février 1742.

Arrest du Conseil, portant qu'il en sera usé dans la Ville de Saint Pol en Artois comme avant les Arrests du Conseil des 21 Juin 1723, 27 Juin 1724, 3 Mars & 25 Aoust 1739, par lesquels il avoit été ordonné que les Habitans de ladite Ville

ne

ne pourroient avoir dans leurs maisons une plus grande quantité de Sel à la fois que celle néceſſaire pour leur uſage pendant ſix mois, à raiſon d'un Minot du Poids de cent livres, Poids de de Marc pour ſept perſonnes par an, & que leſdits Habitans ſeroient tenus de dépoſer au Magaſin du Fermier tous les Sels qu'ils feroient venir pour leur conſommation.

Du 19 Février 1742.

Arreſt contradictoire du Parlement de Bretagne, rendu en conformité de ceux de cette Cour des 12 Aouſt 1739, & 6 Aouſt 1740, par lequel il a été jugé qu'un alibi propoſé par deux Accuſés pour moyen de faux contre un Procès-verbal, que l'un étoit à un quart de lieuë, & l'autre à une demie lieuë de l'endroit où les Commis rapportoient les avoir vûs, n'eſt point admiſſible, & que les défauts de procédures de la part du Procureur des Parties pour la formalité de l'inſcription de faux, ne peuvent préjudicier aux Droits du Fermier, ces défauts de procédures n'étant pas eſſentiels, d'autant que les moyens de faux tomboient par eux-mêmes.

Du 20 Février 1742.

Arreſt du Conſeil, qui évoque une Inſtance pendante à la Cour des Aydes de Montpellier, entre les nommés Perouze, Commis du Sieur le Blanc, Entrepreneur de la Voiture des Sels, & Taillevigne, Fermier du Droit de Robinage de la Ville de Narbonne, les Conſuls de ladite Ville, & ledit Sieur le Blanc, pour raiſon du Droit de Robinage perçu par ledit Taillevigne ſur la quantité de douze mille Minots de Sel de Peyriac & Sijean deſtinés pour les Chambres du Gevaudan, & voiturés par la Robine qui communique à la Mer, pour, ſur ladite inſtance, circonſtances & dépendances, être fait droit aux Parties ainſi qu'il appartiendra, avec défenſes de procéder ailleurs qu'au Conſeil.

Du 20 Février 1742.

* Arrest Contradictoire du Conseil, entre les Officiers de l'Election de Paris ;

La Veuve du Sieur Roger, Receveur des Aydes à l'Hôtel de Bretonvilliers ;

Le Procureur du Roi,
Les Notaires,   au Châtelet de Paris, Intervenans.
Et les Commissaires,

Au sujet du Scellé apposé, après le décès dudit Sieur Roger, par les Officiers de l'Election de Paris, à la Requeste de Jacques Forceville, Adjudicataire des Fermes Générales ; ledit Scellé croisé à la Requeste de la Veuve dudit Sieur Roger, par le Sieur Sautel, Commissaire du Châtelet :

Qui ordonne que les Officiers de l'Election de Paris seront tenus de reconnoître, lever & ôter les Scellés par eux apposés, & réapposés à la Requeste de l'Adjudicataire des Fermes Générales ; sinon que lesdits Scellés seront brisés & ôtés par ledit Sieur Sautel, Commissaire, qui réapposera les siens partout où besoin sera, pour être par lui reconnus, levés & ôtés, & être par les Officiers du Châtelet procédé par continuation à la description & inventaire par eux commencés ; fait défenses aux Officiers de l'Election de les y troubler, à peine de tous dépens, dommages & intérêts ; ordonne en outre que ledit Commissaire Sautel & Me. Collard, Procureur au Châtelet de Paris, demeureront déchargés du Décret d'assigné pour être oüis, prononcé contre eux par l'Arrest de la Cour des Aydes du 18 Décembre 1741, lequel Décret Sa Majesté déclare nul & de nul effet.

Nota. Cet Arrest est fondé sur la mainlevée donnée par l'Adjudicataire des Fermes Générales, de l'apposition du Scellé faite à sa Requête par les Officiers de l'Election de Paris, & qu'il a consenti qu'il demeure nul & sans effet, sans préjudice de ses droits contre la succession dudit Sieur Roger & ses Cautions, & sur ce que la Veuve dudit Sieur Roger a justifié des mainlevées des oppositions faites audit Scellé.

Du 10 Mars 1742.

* Arrest de la Cour des Aydes de Normandie, qui ordon-

ne l'exécution de l'Article XVII. de la Déclaration du
19 May 1711 ; en conséquence, que le délai des assignations qui seront données par les Procès - verbaux des saisies
domiciliaires de faux Sel, sera de trois jours, à l'expiration
duquel, & avant toutes contestations il sera procédé à la vérification des échantillons du Sel saisi dont il sera dressé Procès-
verbal, lequel, après avoir été cacheté du Cachet du Procureur du Roy & d'un Juge, demeurera en cet état jusqu'à ce que
les Accusés ayent fourni leurs défenses, ce qu'ils seront tenus
de faire au plus tard dans le jour de l'échéance de l'assignation,
avec injonction aux Greffiers des Greniers à Sel de tenir les
échantillons dans des lieux sains & sûrs, pour être représentés
en bon état, à peine de répondre en leur nom des confiscations
& amendes.

Du 13 Mars 1742.

Arrest du Conseil, qui évoque une Instance pendante à la
Cour des Aydes de Paris, entre Jacques Forceville, Adjudicataire des Fermes Générales Unies, & la nommée Marie Gosset, de la Paroisse d'Orville en Artois, sur l'appel par eux in-
jetté d'une Sentence de la Jurisdiction des Fermes d'Hesdin,
du 16 Septembre 1740, par laquelle, en prononçant la confiscation du Sel blanc & du Cheval, saisis sur ladite Gosset dans
les trois lieues de l'Artois, limitrophes à la Picardie, & lui faisant défenses d'aller chercher du Sel sans un Billet désignatif
des noms des personnes pour qui il sera destiné, & la quantité
pour chaque personne ; a ordonné son élargissement des prisons
en payant les dépens sans la condamner à l'amende portée par
les Réglemens, pour sur ladite instance être fait droit, avec
défenses de se pourvoir pour raison de ce ailleurs qu'au Conseil, à peine de nullité, cassation de procédures & Jugemens,
quinze cens livres d'amende, & de tous dépens, dommages &
intérêts.

Nota. Le Fermier étoit Appellant de la Sentence en ce qu'elle ne prononce point d'a-
mende contre Marie Gosset, conformément à l'Article XXV. du Titre commun de
de l'Ordonnance de 1681, & ladite Gosset au chef de la confiscation de son Sel & de son
Cheval, qu'elle prétendoit lui être restitués avec des dommages intérêts.

Du 13 Mars 1742.

Arreſt contradictoire du Conſeil, entre M. le Riche de la Poupliniere, Fermier Général, & M. le Riche de Cheveigné, ſon frere, pour raiſon de l'intérêt de M. de la Poupliniere dans la Régie des Fermes Générales ſous le nom de Charles Cordier, & dans les Baux de Louis Bourgeois, Pierre Carlier, & Nicolas Desboves, commencés le premier Octobre 1720 , & finis le dernier Septembre 1738.

Du 13 Mars 1742.

Arreſt du Conſeil, portant qu'il ſera expédié au profit de Jacques Forceville, Adjudicataire des Fermes Générales Unies, une Ordonnance de comptant ſur le Garde du Treſor Royal, de huit cens quatre-vingt-quinze livres ſeize ſols huit deniers, pour l'excédent, à raiſon d'une livre quinze ſols dix deniers par minot, du prix de cinq cens minots de Sel par lui fournis par ſupplement à la Ville de Valais en Suiſſe pendant l'année 1741 ; laquelle Ordonnance ſera payée en une quittance comptable de pareille ſomme ſur & en déduction du prix de ſon Bail.

Du 20 Mars 1742.

Arreſt du Conſeil, qui ordonne que deux quittances du Garde du Treſor Royal, expédiées par erreur ſur le prix de la Ferme des Gabelles du Dauphiné de l'année 1738 , ſeront déchargés du Controlle, & qu'il en ſera expédié deux autres ſur le prix de la même Ferme pour l'année 1739.

Du 20 Mars 1742.

Arreſt du Conſeil, qui releve le nommé Joſeph Creſpin ; Huiſſier en la Cour des Aydes de Paris, de l'interdiction prononcée contre lui, & le décharge de l'amende de trois mille livres, à laquelle il a été condamné par autre Arreſt du 11 Juillet 1741 , pour avoir mis à exécution contre pluſieurs Fermiers

Généraux un Arreft de la Cour des Aydes , qui condamnoit le
Fermier en quinze cens livres de dommages-intérêts , nonobftant les défenfes faites à tous Huiffiers & Sergens de mettre à
exécution aucuns Arrefts , Sentences & Contraintes contre les
Fermiers du Roi & leurs Cautions , qu'au préalable ils n'ayent
remis les piéces dont ils font chargés , ès mains du Receveur
Général des Fermes à l'effet d'être communiquées aux Cautions du Fermier , & être lefdites Piéces remifes huitaine après
aufdits Huiffiers.

Du 2 Avril 1742.

Arreft du Confeil , qui admet le Sieur Geoffroy , Apoticaire
& Membre de l'Académie Royale des Sciences , pour conjointement avec le Sieur Biron & le Sieur Boulduc fils , faire la
fabrication des Sels d'Epfum , Sel Ammoniac & autres efpé-
ces de Sels fervans dans la Médecine , qui fe tirent des matieres
terreufes nommées Chelot , & des Eaux meres reftantes dans
les chaudieres lorfque le Sel fe forme ; à l'effet de quoi ordonne
que tout le Chelot & Eaux meres dont ils auront befoin pour
la formation defdits Sels , & qui fe trouveront dans les Salines
de Franche - Comté & des trois Evêchés , leur feront remis
pendant les vingt années portées par l'Arreft du 29 Aouft 1741 ,
fans qu'il en puiffe être délivré à d'autre qu'à eux , à la charge
de fe conformer audit Arreft de 1741.

Du 4 Avril 1742.

* Arreft du Confeil d'Etat Privé , qui ordonne l'exécution des
Edits , Déclarations , Arrefts & Réglemens concernant les
droits & fonctions des Huiffiers du Confeil & de la grande Chancellerie ; en confequence que dans toutes les affaires qui feront
portées au Confeil , ou dans les Commiffions qui en feront
émanées , il ne pourra être donné aucune affignation , ni être
fait aucune fignification aux Parties domiciliées dans le lieu de
l'inftruction , que par le miniftere defdits Huiffiers , à peine de
nullité defdites affignations & fignifications , & contre les autres
Huiffiers qui auroient contrevenu aufdits Réglemens , de cinq
cens livres d'amende , même d'interdiction.

Fait défenses aux Avocats ès Conseils de charger d'autres Huissiers que ceux du Conseil & de la grande Chancellerie, de donner de pareilles assignations, & de faire lesdites significations.

Enjoint tant aux Greffiers du Conseil, qu'à ceux des Commissions extraordinaires du Conseil de n'expédier aucuns Arrests ni Jugemens, qu'il ne soit fait mention dans le vû d'iceux, du nom & de la qualité des Huissiers, par le ministere desquels les assignations auront été données, & les significations auront été faites.

Et ordonne que le present Arrest sera lû en l'assemblée des Avocats aux Conseils, publié & affiché partout où besoin sera, pour être exécuté selon sa forme & teneur.

Du 4 Avril 1742.

* Jugement de la Commission du Conseil, établie à Rheims ; qui condamne le nommé Pierre Pelletier, Manouvrier au Village de Seboncourt en Picardie, en cinq années de galeres ; & Catherine Testard, dudit lieu de Seboncourt, à être fustigée, flétrie & bannie pour cinq ans, & en mille livres d'amende chacun, pour crime de Faux-saunage & Contrebande en Tabac, avec attroupement au-dessus du nombre de cinq.

Du 5 Avril 1742.

* Jugement de la Commission du Conseil, établie à Rheims ; qui condamne le nommé Jean Couet, Manouvrier du Village d'Ercœuvre en Picardie, en cinq années de galeres & en mille livres d'amende, pour Faux-saunage & Contrebande en Tabac, avec attroupement au nombre de huit, sans armes.

Du 6 Avril 1742.

* Jugement de la Commission du Conseil, établie à Rheims ; qui condamne le nommé Charles Langlet, Manouvrier au Village d'Orville en Artois, en cinq années de galeres, & en mille livres d'amende, pour Faux-Saunage & Contrebande en Tabac avec attroupement au dessus du nombre de cinq, sans armes.

Du 6 Avril 1742.

* Jugement de la Commiſſion du Conſeil, établie à Rheims ; qui condamne le nommé Jacques Dubromel, du Village de Villancourt en Picardie, en cinq années de galeres & mille livres d'amende pour crime de Faux-Saunage, avec attroupement au nombre de cinq, ſans armes.

Du 10 Avril 1742.

* Jugement de la Commiſſion du Conſeil, établie à Rheims ; qui condamne le nommé Jean-Carton, Manouvrier au Village de Baillon en Artois, en cinq années de galeres, & en mille livres d'amende, pour Faux-ſaunage & Contrebande en Tabac, avec attroupement au-deſſous du nombre de cinq, ſans armes.

Du 24 Avril 1742.

Arreſt du Conſeil, & Lettres Patentes ſur icelui, portant que les décharges qui ſe donnent aux Voituriers par les Uſagers de Baſſe Normandie, de la quantité de Sel Blanc que leſdits Voituriers leur délivrent, continueront d'être fournies ſur papier non timbré ; & que dans le cas où leſdits Uſagers ne ſçauront écrire ni ſigner, leſdites décharges ſeront certifiées par les Curés ou Vicaires des Paroiſſes des Uſagers, aſſiſtés de deux Voiſins. *Regiſtrés en la Cour des Aydes de Rouen les 23 & 24 Juillet 1742.*

Du premier May 1742.

* Ordonnance du Roi, portant Réglement pour le payement des Troupes ; par l'Article IX. & dernier duquel il eſt défendu aux Officiers, Gardes du Corps, Gendarmes, Chevaux-Legers, Mouſquetaires, Cavaliers, Carabiniers, Huſſards, Dragons & Soldats de ſe charger d'aucun Sel, Tabac ou autres Marchandiſes de Contrebande, pour les transporter, vendre ou débiter en quelque maniere que ce puiſſe être, dans les Provinces du Royaume, à peine, contre les Chefs & Comman-

dans de répondre fur leur paye & biens, des dommages faits
aux Fermes du Roy par ceux étant fous leurs charges ; & contre les Gardes, Gendarmes, Cavaliers, Carabiniers, Huffards ;
Dragons & Soldats, d'être punis fuivant la rigueur des Ordonnances contre les Faux-Sauniers ; défend pareillement à tous
les Sujets du Roy, de quelque qualité & condition qu'ils foient,
de commettre le Faux-Saunage, & d'affifter ni favorifer en
quelque maniere que ce foit les Gens de Guerre qui le commettront, auffi fous les peines des Ordonnances.

Du 8 Mai 1742.

Arreft du Confeil, qui commet le Sieur Levet, Prefident de la
Commiffion établie à Valence, pour inftruire & juger le Procès
tant au nommé Jean Heraut', du lieu d'Yfengeaux en Vélay, arrêté par les Employés des Fermes de la Brigade de Moing près
Montbrifon, avec trente-un Chevaux & équipes enfalinés,
qu'à fes Complices, Fauteurs, Participes ou Adhérans du Faux-
Saunage, attroupemens & port d'armes, mentionnés au Procès-verbal defdits Employés.

Du 8 Juin 1742.

* Jugement de la Commiffion du Confeil, établie à Rheims,
qui condamne le nommé Jacques Renard, fe difant Laboureur
du Village de Chepy près Varennes en Clermontois, à être
pendu pour rebellion faite aux Employés des Fermes, & port
d'armes; & Nicolas Mauroy, fe difant Roulier, du Hameau de
Ronchamp, Paroiffe de Vienne-le-Château, auffi en Clermontois, aux galeres perpétuelles & en mille livres d'amende, pour
Faux-Saunage & Contrebande en Tabac, avec attroupement
& port d'armes.

Du 14 Juin 1742.

* Jugement de la Commiffion du Confeil, établie à Rheims,
qui condamne les nommés Matis Tourment, Jean Hiberard,
Jean Rheiter, Claude Barré, Nicolas Verton, Dominique Lo-
rain, Jean Maire & Nicolas Perle, en cinq années de galeres

&

& en mille livres d'amende chacun solidairement, pour crime de Faux-Saunage avec attroupement au nombre de dix, sans armes.

Du 19 Juin 1742.

Arrest du Conseil, qui évoque une contestation pendante au Parlement de Bordeaux, entre l'Adjudicataire des Fermes Générales Unies, & le nommé Geac, Négociant à Marennes, au sujet d'une indemnité par lui demandée à l'occasion d'un prétendu retardement de délivrance de congés, pour charger des Sels de l'Isle d'Olleron sur le Navire du Sieur Pettermatzen, Capitaine Danois, circonstances & dépendances, pour être fait droit aux Parties ainsi qu'il appartiendra, avec défenses de se pourvoir pour raison de ce ailleurs qu'au Conseil, à peine de nullité, cassation de procédures & jugemens, & de trois mille livres d'amende.

Du 21 Juin 1742.

* Jugement de la Commission du Conseil, établie à Rheims, qui condamne la Communauté des Habitans de Lory devant le Pont, Evêché de Metz, en cinq cens livres d'amende, & différens Particuliers dudit lieu au carcan, & d'autres au blâme, pour rebellion faite aux Employés des Fermes.

Du 22 Juin 1742.

* Déclaration du Roy, qui accorde à la Province de Bourgogne la continuation de quatre cruës, de quarante & cinquante sols, faisant neuf livres par minot de Sel, pendant les années 1762, 1763, & 1764. *Registrée au Parlement de Paris, le 5 Décembre 1742.*

Du 22 Juin 1742.

* Jugement de la Commission du Conseil, établie à Rheims, qui condamne la Communauté des Habitans de Bertranbois, Evêché de Metz, en cinq cens livres d'amende; Anne Forcombat, femme de Jean Simon, au carcan & en cent livres

de dommages & intérêts, & blâme plufieurs Particuliers dudit lieu, pour rebellion aux Employés des Fermes.

Du 26 Juin 1742.

Arreſt du Conſeil, qui commet le Sieur Intendant de la Généralité de Soiſſons, pour informer des abus dont eſt accuſé le Receveur des Gabelles à Aubenton, & des prévarications prétendues commiſes par le nommé Charles Vigé, ſuſpecté d'être envoyé en Garniſon dans les Villages dépendans dudit Grenier, & de faire payer des frais exorbitans aux reſſortiſſans, pour être ladite information envoyée au Conſeil, & ordonné enſuite ce qu'il appartiendra.

Du 3 Juillet 1742.

Arreſt du Conſeil, qui ordonne l'impoſition d'une ſomme de huit cens quatre-vingt-quatre livres quatorze ſols neuf deniers ſur les Contributions de l'Impoſt du Sel de la Paroiſſe de S. Elier, reſſort du Grenier à Sel d'Ernée pendant l'année 1742, pour être ladite ſomme remiſe aux nommés Jacques Rotureau, Joſeph Gillot, Gilles Menard, Guillaume Gillet, Hector Cherol & Julien Boulay, principaux Habitans de ladite Paroiſſe de S. Elier, qui ont avancé ladite ſomme au Receveur dudit Grenier, & dont les Collecteurs de l'Impoſt de ladite Paroiſſe en 1739 ſe ſont trouvés redevables après la dicuſſion de leurs biens.

Du 3 Juillet 1742.

Arreſt du Conſeil, qui commet le Sieur Heriard pour inſtruire & juger toutes les affaires criminelles qui ſurviendront dans les Généralités de Tours, Moulins, Bourges & Poitiers, à l'occaſion de l'introduction, vente & débit à port d'armes des Marchandiſes prohibées, du faux Sel & du faux Tabac, enſemble les Procès qui doivent être inſtruits & jugés tant contre les Auteurs & Complices deſdites Contrebandes, circonſtances & dépendances, que contre les Commis des Fermes deſdites Généralités qui seront convaincus de favoriser la Contrebande & le Faux-Saunage, soit en livrant le passage aux Contrebandiers & Faux-Sauniers, soit en s'appropriant les Marchandises saisies, & les vendant, ou de quelqu'autre maniere que ce puisse être.

Du 4 Juillet 1742.

*Jugement de la Commission du Conseil, établie à Rheims, qui condamne le nommé Jean-Baptiste Cordier, Marchand à Charleville, à être rompu vif, pour avoir, de dessein prémédité, assassiné un Employé des Fermes du Roy sur le grand chemin de Donchery.

Du 6 Juillet 1742.

* Jugement de la Commission du Conseil, établie à Rheims, qui condamne le nommé Nicolas Poncelin, dit l'Antechrist, se disant Marchand de chevaux, du lieu de Vienne-le-Château en Clermontois, à être pendu, pour Contrebande en Sel & Tabac, avec attroupement, port d'armes, rebellion, meurtre, & autres cas y mentionnés.

Du 10 Juillet 1742.

Arrest du Conseil, qui liquide à la somme de soixante-treize mille vingt-huit livres dix-sept sols onze deniers, l'indemnité dûe à Jacques Forceville, Adjudicataire des Fermes Générales Unies, pour lui tenir lieu de supplément du prix des Sels par lui fournis aux Cantons Suisses Catholiques, en consequence des Traités, & au Chapitre de Besançon, pour la troisiéme année de son Bail, pour valeur de laquelle somme de soixante-treize mille vingt-huit livres dix-sept sols onze deniers; ordonne qu'il sera expédié une Ordonnance de comptant sur le Garde du Tresor Royal, laquelle sera convertie en quittance comptable à la décharge du prix du Bail dudit Forceville.

Du 17 Juillet 1742.

Arrest du Conseil, qui ordonne la construction d'un Gautier au Pertuis de Bailly, sur la Riviere d'Yonne, dans la Digue du côté du Midy, pour faciliter le montage des Batteaux chargés de Sel, conformément à l'avis du Sieur de Regemorte Ingénieur, du 7 Avril précédent, & que les deniers nécessaires pour cette construction seront avancés par l'Adjudicataire des Fermes, dont il sera remboursé par les Propriétaires dudit Pertuis, s'il est jugé que cette dépense doive être à leur charge, ou par le Roy, au cas qu'elle soit à celle de Sa Majesté.

Du 17 Juillet 1742.

Arrest du Conseil, qui commet le Sieur Intendant de la Généralité de Tours, pour faire l'adjudication au rabais tant des ouvrages faits provisoirement & par augmentation à ceux contenus au Devis inféré dans l'adjudication faite à Pierre Fromenteau, en consequence de l'Arrest du Conseil du 6 Septembre 1740, à quatre Chauffées de la Riviere de Mayenne, que de ceux qui sont nécessaires aux vingt-deux Portes Marinieres situées sur ladite Riviere, entre les Villes de Laval & Châteaugontier, pour en assurer la navigation, conformément au Devis qui en a été fait par le Sieur Bayeux Ingénieur de ladite Généralité, le 12 Décembre 1742, au moyen de quoi il ne sera plus fait aucun Bail pour l'entretien desdites Portes Marinieres, du montant desquels ouvrages & reparations les Entrepreneurs seront payés sur les Ordonnances du Sieur Intendant, sçavoir, de la somme de huit cens livres, faisant partie de l'adjudication faite audit Fromenteau pour des ouvrages qui n'ont pas eu lieu, du Produit du Droit de Navige ; de la régie duquel le Directeur des Aydes de Laval est chargé, & le surplus par l'Adjudicataire des Fermes Générales, auquel il en sera tenu compte sur le prix de son Bail.

Du 17 Juillet 1742.

Arrest du Conseil, qui commet le Sieur Levet, Commissaire

du Conseil à Valence, pour instruire & juger le Procès au nommé Martinot, Fermier de la Grange de Precara, & à ses Complices, Fauteurs, Participes & Adhérans des rebellions, violences & mauvais traitemens exercés le 6 Juin précédent contre les Employés de la Brigade des Fermes établie au Poste de Mussen, à l'occasion de la spoliation faite par sept ou huit Particuliers, à la tête desquels étoit ledit Martinot, des nommés Joseph Brunet & Pierre Gaillard, arrêtés avec chacun une charge de faux Sel, & que lesdits Employés conduisoient dans les Prisons de Bellay.

Du 18 Juillet 1742.

Arrest Contradictoire de la Cour des Aydes, concernant l'instruction des Procès commencés contre plusieurs Faux-Sauniers décrétés par les Officiers du Grenier à Sel de Laval après leurs captures, & les Epices & Droits prétendus par lesdits Officiers au-de-là de ceux reglés par la Déclaration du 17 Février 1688; annulle lesdits décrets, & renvoye lesdits Officiers & le Fermier au Parquet des Gens du Roy, pour y être les Epices & Vacations desdits Juges réglées sur les Mémoires des Parties.

Du 24 Juillet 1742.

Arrest du Conseil, qui admet M. Bouret dans les Fermes Générales, à la place de feu M. Thiroux de Lailly.

Du 28 Juillet 1742.

* Jugement de la Commission du Conseil, établie à Rheims; qui condamne le nommé Jean Blondel, du Village de Maurepas en Picardie, en neuf années de galeres, & en mille livres d'amende pour crime de Faux-saunage & Contrebande en Tabac, avec attroupement au-dessus du nombre de cinq, sans armes.

Du 3 Aoust 1742.

* Jugement de la Commission du Conseil, établie à Rheims;

qui condamne le nommé Pierre Delouarde, Manouvrier, du lieu de Maffingué, Fauxbourg du Cateau Cambresis, en cinq années de galeres, & en mille livres d'amende, pour crime de Faux-faunage, Contrebande en Tabac avec attroupement au nombre de huit, fans armes.

Du 7 Aouſt 1742.

Arreſt du Conſeil, qui ordonne à M. le Procureur Général de la Cour des Aydes de Montpellier d'envoyer à M. le Controlleur Général les motifs de celui de ladite Cour, du 30 Juin précédent, confirmatif d'une Sentence du Siége des Gabelles de ladite Ville du 16 Décembre 1740, par laquelle les Juges, en prononçant la confiscation de dix livres de Sel de Poitou faiſi fur pluſieurs Barils de Boyaux de Bœuf chez la Veuve Martin & ſon Fils, Chaircuitiers à Beaucaire, ont condamné le Fermier aux dépens, pour leſdits motifs vûs & examinés, être ordonné ce qu'il appartiendra.

Du 11 Aouſt 1742.

Arreſt du Conſeil Royal de Luneville, qui admet M. Bouret dans les Fermes Générales de Lorraine à la place de feu M. Thiroux de Lailly.

Du 13 Aouſt 1742.

* Jugement de la Commiſſion du Conſeil, établie à Valence, qui condamne Benoiſte Brignon, femme de Claude Grenoüillet, dit Jambe de bois, Voiturier & Regratier au Village du Bois, Paroiſſe de S. Maurice de Roche en Vélay; Antoine Grenoüillet, Neveu & Valet dudit Claude Grenoüillet; & Jean Valere, Valet du nommé Mathieu Malfray, demeurant au même lieu de Bois, chacun & ſolidairement à l'amende de trois cens livres, pour les cas de Faux-Saunage reſulrans dudit Jugement; & déclare leſdits Claude Grenoüillet & Mathieu Malfray, coutumaces, garans & reſponſables par la voye ſolidaire des adjudications y prononcées; & qui condamne auſſi Jacques Danſe, Regratier du lieu de Bozac auſſi en Vélay, à pareille amende de trois cens livres pour le même fait.

Du 21 Aoust 1742.

Arreſt du Conſeil, qui déboute le Fermier de ſa demande en caſſation de celui de la Cour des Aydes de Rouen du 28 Juillet 1741, confirmatif d'une Sentence du Grenier à Sel de la Ville d'Eu, du 24 Décembre 1740, par laquelle il eſt accordé du Sel de Franchiſe aux Marchands Merciers de ladite Ville pour la Salaiſon de leurs Beures & Crêtes Marines dont ils font Commerce.

Du 21 Aoust 1742.

Arreſt du Conſeil, qui interdit le Sieur Hanichard, Controlleur au Grenier à Sel de Falaiſe, juſqu'à ce qu'il en ſoit autrement ordonné, pour avoir, depuis la levée d'une précédente interdiction prononcée contre lui, continué de ſe conduire dans les fonctions de ſa Charge d'une maniere très-contraire au ſervice du Grenier & du Public.

Du 21 Aoust 1742.

Arreſt du Conſeil, ſur la Requeſte de Jacques Forceville, Adjudicataire des Fermes Générales Unies, tendante à la caſſation d'un Arreſt de la Cour des Aydes de Paris, du 8 du même mois, pour avoir infirmé une Sentence de la Juriſdiction des Fermes de Bapaume du 28 Avril précédent, par laquelle le nommé Maximilien Lieven, de la Paroiſſe de Comble, mi-partie de Picardie & Artois, a été condamné en la confiſcation de deux Minots de Sel blanc ſur lui ſaiſis ſur la route de Bapaume, & près ladite Paroiſſe de Comble, en cinq cens livres d'amende, conformément à l'Ordonnance des Gabelles & à l'Arreſt du Conſeil du 29 Février 1720, qui deffendent aux Habitans de la Province d'Artois, demeurans dans les trois lieuës limitrophes de Picardie, d'avoir plus grande proviſion de Sel que la quantité d'un Minot pour quatorze perſonnes par an; ordonne que ladite Requeſte ſera communiquée audit Lieven pour y fournir de réponſe dans les délais de l'Ordonnance, finon qu'il fera fait droit, toutes chofes demeurant en état)

Du 21 Aouſt 1742.

Arreſt du Conſeil, qui évoque l'appel interjetté à la Cour des Aydes par le nommé Pierre Eloy de Guillemont, du Village de Comble, mi-partie Artois & Picardie, d'une Sentence de la Juriſdiction des Fermes de Bapaume du 2 Juin précédent, par laquelle ledit de Guillemont arrêté avec un cheval chargé d'environ un Minot de Sel qu'il venoit de chercher à Bapaume fans aucun certificat des Gens de Loy dudit Village de Comble, a été condamné en cent livres d'amende, & en la confiſcation du Sel & du Cheval, pour fur ledit appel, circonſtances & dépendances, être fait droit aux Parties, ainſi qu'il appartiendra, & leur fait deffenſes de ſe pourvoir ailleurs qu'au Conſeil, à peine de nullité, caſſation de procédures & Jugemens, quinze cens livres d'amende, & de tous dépens, dommages, intérêts.

Du 28 Aouſt 1742.

Arreſt du Conſeil, qui ordonne le rembourſement à Jacques Forceville, Adjudicataire des Fermes Générales Unies, d'une fomme de deux cens ſoixante-feize mille neuf cens trente neuf livres treize ſols huit deniers par lui payée des deniers de la troiſiéme année de ſon Bail, pour ſupplément des rentes des Paroiſſes de Paris, Verſailles, Marly & S. Germain en Laye, à cauſe de la reduction d'icelles au denier quarante, remedes fournis par le Sieur Helvetius, & envoys d'iceux dans les Provinces, indemnités, gratifications & autres dépenſes énoncées audit Arreſt.

Du 11 Septembre 1742.

Arreſt du Conſeil, ſur un Conflit de Juriſdiction entre le Parlement & la Cour des Aydes de Paris, au ſujet de la vente des meubles du Sieur Rouvelin, Receveur Général de la Ferme du Tabac, dans laquelle le nommé Landoy, Huiſſier de la Ferme, qui la faifoit, a été troublé par quatre Huiſſiers Priſeurs accompagnés d'un Commiſſaire au Châtelet, qui prétendoient

doient être feuls en droit de faire ladite vente ; & fur quoi il a
été fait beaucoup de procédures criminelles, tant à la Cour des
Aydes qu'au Parlement ; ordonne l'exécution des Articles
XXVI. du Titre VIII. de l'Ordonnance des Aydes de 1680,
XVIII. du Titre Commun de l'Ordonnance de 1681, enfemble des Arreft & Lettres Patentes des 30 Octobre & 4
Décembre 1731 ; ce faifant, & fans s'arrêter aux Arrefts du
Parlement des 13 & 20 Aouft 1742 ; décharge Forceville, Adjudicataire des Fermes Générales Unies, & l'Huiffier Landoy,
des Affignations à eux donnees au Parlement ; en confequence, ordonne que l'Arreft de la Cour des Aydes du 17 dudit
mois d'Aouft, fera exécuté, & que, fuivant icelui, la procédure extraordinaire commencée en l'Election de Paris à la Requefte defdits Forceville & Landoy, contre les nommés Mirefin, Totin, Gilquin & Hallé, Huiffiers Prifeurs, & le Sieur
Rocrolle, Commiffaire au Châtelet, fera continuée jufqu'à
Sentence diffinitive inclufivement, fauf l'appel à la Cour des
Aydes.

Du 11 Septembre 1742.

Arreft Contradictoire du Confeil, qui régle les conteftations
d'entre M. le Riche Fermier Général, & M. le Riche de Chevigné fon frere, pour raifon de l'intérêt de M. de la Poupeliniere
dans la Régie des Fermes Générales, fous le nom de Charles
Cordier, & dans les Baux de Louis Bourgeois, Pierre Carlier,
& Nicolas Desboves, commencés le premier Octobre 1720,
& finis le dernier Septembre 1738.

Du 11 Septembre 1742.

Arreft du Confeil, fur la Requefte de Jacques Forceville,
Adjudicataire des Fermes Générales Unies, tendante à la caffation d'un Arreft de la Cour des Aydes de Paris, du 31 Aouft
précédent, pour avoir fait main-levée tant de la perfonne du
nommé Pierre-Eloy Guillemont, du Village de Comble fitué
dans les trois lieues de l'Artois limitrophes à la Picardie, que
du Sel, Cheval & effets fur lui faifis, faute d'être porteur de
certificat des Gens de Loi dudit Village de Comble ; pourquoi

il avoit été arrêté & condamné par Sentence de la Jurifdiction
des Fermes à Bapaume, du 22 Juin de ladite année 1742, en
la confifcation des chofes faifies, en mille livres d'amende &
aux dépens ; ordonne que ladite Requête fera communiquée
audit Guillemont, pour y fournir de réponfe dans les délais
de l'Ordonnance, finon qu'il fera fait droit, toutes chofes
jufqu'à ce demeurant en état.

Du 14 Septembre 1742.

* Jugement de la Commiffion du Confeil, établie à Valence,
qui condamne Antoine Perrat, dit Toinon & Jolicœur, de la
Paroiffe de Poulle en Beaujollois, à être rompu vif, pour crime
de Faux-Saunage & Contrebande en Tabac, avec attroupement, port d'armes, & pour les excès, violences, voyes de
fait, vols & meurtres y mentionnés.

Du 15 Septembre 1742.

* Jugement de la Commiffion du Confeil, établie à Valence,
qui condamne Jean Herault, dit Gros Jean, du lieu de Fraiffen-
doze, Paroiffe d'Ihengeau en Velay, à être pendu pour crime
de Faux-Saunage & Contrebande en Tabac, avec attroupement & port d'armes, & pour les autres crimes énoncés audit
Jugement.

Du 18 Septembre 1742.

Arrêt du Confeil, qui continue pendant fix années, à
compter du premier Octobre fuivant, la fixation du prix du
Sel à trente livres le Minot en faveur des Habitens du Pays
de Bugey, aux charges & conditions portées par l'Arrêt du
15 May 1736, & autres qui peuvent avoir été rendus en confequence.

Du 18 Septembre 1742.

Arrêt du Confeil, qui enjoint à M. le Procureur Général
de la Cour des Aydes de Montpellier d'envoyer à M. le Controlleur Général les motifs d'un Arrêt de ladite Cour du 6

Juin précédent, par lequel, au lieu de prononcer la peine de mort, conformément aux Ordonnances & Réglemens, contre le nommé Vialar, Voiturier, chez lequel il a été saisi neuf sacs de Sel qu'il devoit conduire à la Chambre de Rodez en Rouergue, & dans lesquels sacs il s'est trouvé du Sel manquant ; ladite Cour n'a condamné ledit Vialar qu'à faire amende honorable, à un bannissement de trois ans, aux dépens & au payement du Sel manquant, pour lesdits motifs vûs & examinés, être ordonné ce qu'il appartiendra.

Du 18 Septembre 1742.

Arrest du Conseil, portant que tout le Sel qui sera porté dans la Ville, Baronnie, Jurisdiction & Consulat d'Aspect, soit pour la consommation des Habitans, ou pour être vendu aux Etrangers, sera déchargé dans un Bureau ou Grenier que les Chapelains de l'Eglise de ladite Ville seront tenus d'établir à cet effet, dans lequel le Sel sera pesé & le Droit de coupe appartenant ausdits Chapelains payé par les Marchands, Voituriers, ou Propriétaires du Sel, dont ils prendront acquit, sans que lesdits Chapelains puissent exiger de nouveau le Droit de coupe des Détailleurs pour le même Sel qui l'aura déja payé au Bureau du Déchargement ; deffend à toutes sortes de personnes de retirer dans les maisons de ladite Jurisdiction, ni de débiter aucuns Sels qu'ils n'ayent été déchargés dans ledit Bureau, & y ayent acquitté ledit Droit de coupe, à peine de confiscation des Sels, de dix livres d'amende pour la premiere fois, & de plus grande en cas de récidive, au profit desdits Chapelains, & attribue à l'Intendant de la Généralité d'Ausch, Navarre & Bearn la connoissance des contraventions audit Arrest.

Du 20 Septembre 1742.

* Jugement de la Commission du Conseil, établie à Valence, qui condamne Jacques Sapin l'aîné, & Jacques Sapin le cadet, dit Chambon, freres, du lieu de Choupiere, Paroisse de Beuriere en Auvergne, sçavoir, ledit Jacques Sapin l'aîné, à être pendu, pour fait de Faux-Saunage & Contrebande avec attrou-

pement au nombre de cinq & au-deſſus, & port d'armes, excès,
vols, violences & meurtres y mentionnés, & ledit Sapin le
cadet aux galeres perpétuelles, pour les cas de Contrebande
en Tabac, reſultant dudit Jugement.

Du 22 Septembre 1742.

* Jugement de la Commiſſion du Conſeil, établie à Valence,
qui condamne Benoît Giraud, de la Paroiſſe de Vernet en Auvergne, aux galeres à perpétuité; Pierre la Sourrette, de la Paroiſſe de Souviat auſſi en Auvergne, aux galeres pour neuf années, pour crimes de Faux-Saunage, Contrebande en Tabac,
& autres reſultans dudit Jugement; & le nommé Antoine
Fouilloux, du lieu de S. Point en Mâconnois, en trois années
de galeres, pour Contrebande en Tabac & autres cas exprimés
audit Jugement.

Du 25 Septembre 1742.

* Déclaration du Roy, qui prononce des peines corporelles
& afflictives contre les Commis & Employés dans les Poſtes,
qui ſeront convaincus de prévarications. *Regiſtrée au Parlement
& en la Cour des Aydes les 11 Octobre & 14 Décembre ſuivans.*

F I N.

TABLE

DES EDITS, DECLARATIONS,
ARRESTS ET REGLEMENS,

R E N D U S pendant la quatriéme année du Bail de M^e.
JACQUES FORCEVILLE.

Commencée le premier Octobre 1741. & finie le dernier Septembre 1742.

CONCERNANT les Aydes, Entrées, Pied-Fourché & Droits y joints, Papier & Parchemin Timbrés, Domaine & Barrage, Poids le Roy, Domaines de Flandre, Marque d'Or & d'Argent, Marque de Fers, Impôts & Billots de Bretagne, Droits sur le Poisson, Droits rétablis aux Entrées & sur les Ponts, Quays, Halles, Places & Marchés de la Ville & Fauxbourgs de Paris, & aliénés aux Officiers créés par l'Edit du mois de Juin 1730. Inspecteurs aux Boucheries & des Boissons, Courtiers-Commissionnaires & Jaugeurs de Futailles, Droits appartenans à la Ville de Paris, à l'Hôpital Général, & à l'Hôtel Dieu.

Du 3 Octobre 1741.

ARREST du Conseil, qui exempte des Droits de Sortie & de ceux de Marque, les Fers & Fontes provenans de la forge & du fourneau de la Terre de Vercel en Franche-Comté, appartenante au Sieur de Vercel, Exempt des Gardes du Corps de Sa Ma-

A Y D E S.　　　　　　　　　　　　　A

jefté, Gouverneur de la Ville de Dole, & qu'il fera paffer en Alface & en Suiffe.

Du 3 Octobre 1741.

* Ordonnance de M. Feydeau de Marville, Lieutenant Général de Police, portant Réglement pour les fonctions des Salpêtriers ordinaires du Roi & de la Ville de Paris, contenant dix-fept Articles; par le quatorziéme defquels il eft défendu à tous Fermiers, Commis & Prépofés à la levée des Droits de Sa Majefté, & autres aux Barrieres & Portes de la Ville & Fauxbourgs de Paris, de prendre ni exiger aucuns Droits fur les Salpêtres & Poudres, ni pour le Paffage & Péages de leurs Chevaux & Harnois portans Terres, Bois, Cendres, Salpêtres, Eaux-meres, & toutes autres chofes généralement, fervant à l'ufage & confection defdits Salpêtres & Poudres, avec injonction de les laiffer librement paffer & repaffer, fans qu'ils foient tenus de faire aucune foumiffion aux Bureaux, fuivant & conformément à l'Article XLVI. du Marché fait à Charles Primard, le 18 Décembre 1736.

Du 10 Octobre 1741.

* Arreft du Confeil, qui déclare commun pour les Elections de Rheims & Rethel celui du 26 Avril 1723, & en confequence, permet pendant trois années aux Controlleurs Ambulans des Aydes du Soiffonnois, de faire des vifites chez les Eccléfiaftiques, Nobles, & autres de l'Election de Guife, qui ont des Brafferies, & façonnent des Bierres fans être tenus de prendre permiffion en Juftice, en obfervant les formalités prefcrites par ledit Arreft.

Du 10 Octobre 1741.

* Arreft du Confeil, qui fait défenfes à l'Adjudicataire du Tarif établi à Aumalle en commutation de la Taille, fes Receveurs & Commis de recevoir aucunes fommes pour Droits de Tarif fans en delivrer quittances qui feront en papier timbré

pour les fommes de cinq fols & au-deffus, & en papier non
timbré, quand elles feront au-deffous de cinq fols; enjoint
aux Redevables de les prendre & de rembourfer le prix du
timbre dans le cas où il eft dû, & fait auffi défenfes audit Adjudicataire & fes prépofés de mettre deux ou plufieurs quittances fur une même feuille, demie feuille, ou quart de papier
timbré, le tout à peine, contre ledit Adjudicataire & fes Prépofés, de trois cens livres d'amende pour chaque contravention, de concuffion, & d'être déchus de leurs employs, &
contre les Redevables, de faifie & de confifcation des Marchandifes & Denrées qu'ils feront entrer à Aumalle.

Du 10 Octobre 1741.

* Arreft contradictoire, entre le fieur Procureur Général de
Sa Majefté en la Cour des Monnoyes, & les nommés Jacques
Cuvex, Moyfe Elie & Jean-Baptifte Copy, Marchands Merciers de la Ville de Lille en Flandre, qui déboute lefdits Jacques Cuvex, Moyfe Elie & Jean-Baptifte Copy de leur demande en caffation de l'Arreft de ladite Cour du 29 Aouft
1740, par lequel il a été ordonné que plufieurs Tabàtieres &
autres Ouvrages d'Orfévrerie feront portées à la Monnoye, &
fondues pour ne s'être trouvées marquées qu'en partie, quel-
ques-unes fans aucunes marque; ordonne l'exécution des Edits
& Réglemens concernant fa Jurifdiction & celle des Juges y
reffortiffans; & fait deffenfes aux Mayeur & Echevins de la
Ville de Lille, au Parlement de Flandres, & à tous autres Juges, de l'y troubler.

Du 10 Octobre 1741.

Arreft contradictoire du Confeil, qui déboute les Officiers
Mefureurs & Porteurs de Charbon de Terre de la Ville, Faux-
bourgs & Banlieue de Paris, de leur demande, & en confequence ordonne que conformément aux Arrefts du Confeil
des 9 Avril 1737 & 27 Mars 1741, les Intéreffés dans l'exploitation des Mines de Charbon de Terre de la Province d'Auvergne, jouiront de l'exemption des Droits de quatorze fols

A ij

ſix deniers par Minot de Charbon de terre de ladite Province, provenant de leur Magaſin de Villeneuve S. Georges, & paſſant debout dans la Ville, Faux-bourgs & Banlieue de Paris, tant en deſcendant la Riviere de Seine, qu'en remontant dans la Riviere de Marne, & ce, ſur les Lettres de voitures expédiées en bonne forme à Villeneuve S. Georges, & à la charge par leſdits Intéreſſés de ſe conformer aux diſpoſitions portées par leſdits Arreſts des 9 Avril 1737 & 27 Mars 1741.

Du 13 Octobre 1741.

* Arreſt contradictoire de la Cour des Aydes de Paris, qui confirme, avec amende & dépens, une Sentence des Officiers de l'Election de Sainte Menehould, du premier Aouſt 1739, par laquelle Pierre Barbey & Laurent Jacquillon, Commis aux Aydes au Département de Baricourt, pour M. Jean le Sage, précédent Fermier des Aydes de Champagne, ont été déchargés de l'Inſcription de faux formée par Jean Mathieu & Jeanne Print ſa femme, Cabaretiers à Montfaucon, contre le Procès-verbal deſdits Commis, du 12 Décembre 1737, avec condamnation contre ledit Mathieu & ſa femme des dépens du Procès, pour dommages & intérêts envers le Fermier & ſes Commis, par laquelle Inſcription leſdits Mathieu & ſa femme prétendoient prouver que les Commis avoient formé le deſſein de les aſſaſſiner, & qu'ils n'avoient point commis de rebellion.

Du 31 Octobre 1741.

Arreſt du Conſeil, qui ſans s'arrêter à une Sentence du Bureau de l'Hôtel de Ville de Paris, du 21 Juin précédent, par laquelle les Intéreſſés dans l'exploitation des Mines de Charbon de Terre des Provinces de Bourbonnois & d'Auvergne, ont été condamnés au payement des Droits exigés par les Officiers Meſureurs & Porteurs de Charbon de Terre ſur deux bateaux chargés de Charbon paſſés debout par ladite Ville, déboute leſdits Officiers de la demande par eux formée audit Bureau pour raiſon deſdits Droits.

Du 14 Novembre 1741.

Arreſt du Conſeil, qui évoque les procédures commencées en l'Election de Paris, ſur l'aſſignation donnée à Jacques For-ceville, Adjudicataire des Fermes Générales Unies, le 27 Octobre précédent à la Requeſte de la Communauté des Maîtres Braſſeurs de Bierre de ladite Ville en qualité de Sous-Fermiers des Droits ſur les Bierres, à l'occaſion de l'indemnité par eux prétendue, ſous prétexte de la deſſenſe faite par Arreſt du Parlement du 22 Septembre 1740, de braſſer des Bierres dans la Ville & Faux-bourgs de Paris.

Du 14 Novembre 1741.

* Arreſt du Conſeil, qui ordonne que les Déclarations, les Rolles arrêtés en conſequence, les Quittances, Exploits & autres actes de procédures qui ſe feront pour l'Impoſition & Recouvrement du Dixiéme, pourront être faits ſur papier ordinaire & non timbré; décharge du Controlle des Exploits les Significations qui feront faites en conſequence.

Du 21 Novembre 1741.

* Arreſt contradictoire du Conſeil, qui condamne la Communauté des Boulangers de la Ville de S. Dizier, à payer aux Adjudicataires des Octrois de ladite Ville le Droit d'un double ou deux deniers pour livre de Pain blanc & bis, façonné ou non façonné, du poids de vingt-une onces & au-deſſus ou au-deſſous, à proportion, vendu par leſdits Boulangers; & commuë ledit Droit en un abonnement annuel payable par leſdits Boulangers, à raiſon de trois cens livres par an de principal pour la premiere & ſeconde moitié de l'Octroy, avec les quatre ſols pour livre de la premiere moitié, & le ſol pour livre de la ſeconde, tant qu'ils auront cours.

Des 21 Novembre 1741.

* Sentence du Bureau de l'Hôtel de Ville de Paris, qui condamne Charles Mabifme, dit Polite, Voiturier par eau du Pont-l'Evêque, en trois cens livres d'amende, pour avoir voituré en cette Ville cent quarante feptiers d'Avoine mefure de Chauny, pour la provifion du fieur Merlet, Sécretaire du Roy; & quatre cens feptiers, mefure de S. Quentin, pour celle de la Dame Crozat, fans Lettres de voiture paffées pardevant Notaires, & dix-fept Gluyes de Seigle, & avoir fans permiffion, ni reprefenté aux Officiers Metteurs à Port, Planchéeurs & Débacleurs, & aux Officiers Mefureurs & Porteurs de Grains, les deux Lettres de voiture fous feing privé; déchargé le 15 du prefent mois lefdites Avoines & quatre mille bottes de Foin au Port au Marbre de cette Ville, avec défenfes de récidiver, à peine d'interdiction du Commerce.

Du 24 Novembre 1741.

* Sentence du Bureau de l'Hôtel de Ville de Paris, qui condamne le nommé Michel, Marchand de Vin à Paris, en trente livres d'amende, pour avoir, le 20 du même mois, donné du Vin à des Soldats qui avoient travaillé au Roulage de fes Vins au Port de la Tournelle, nonobftant les défenfes réitérées du Sentinelle & du Sergent de l'Efcouade de Garde audit Port, & qui lui fait défenfes de récidiver.

Du premier Décembre 1741.

* Arreft de la Cour des Aydes de Paris, qui enjoint aux Communautés des Paroiffes de dreffer les tableaux des Collecteurs, & actes de nomination d'iceux fur papier timbré, & fait défenfes à tous Greffiers, Procureurs, Huiffiers & autres perfonnes de les recevoir, fignifier & produire, ni s'en fervir en Juftice, s'ils ne font expédiés fur papier timbré, fous les peines portées par les Réglemens.

Des 5 Décembre 1741, & 6 Novembre 1742.

* Deux Arrests du Conseil, & Lettres Patentes concernant les déductions d'un vingt-uniéme sur les Eaux-de-vie. Le premier ordonne que la Requeste du Fermier des Aydes, sera communiquée à Laurent Prevost, Bouilleur & Débitant d'Eau-de vie en détail à Rheims, pour y répondre ; & le second contradictoire, & les Lettres Patentes ordonnent l'exécution de l'Ordonnance des Aydes de 1680, de l'Edit du mois de Décembre 1686, & des Lettres Patentes du 24 Aoust 1728 ; condamne ledit Prevost à payer les Droits de Quatriéme & autres y joints des Eaux-de-vie manquantes de ses charges, sans aucune déduction que sur celles vendues en gros, aux frais faits en l'Election, & au coust d'icelui ; & jugent que la déduction du vingt-uniéme, accordée par lesdites Lettres Patentes de 1728, ne doit avoir lieu que pour les Eaux-de-vie vendues en gros par les Bouilleurs & Marchands d'Eau-de-vie, & qu'il ne leur en doit être fait aucune, non plus qu'aux autres Débitans, sur celles qui seront vendues en détail. *Regiſtrées à la Cour des Aydes de Paris le 4 Avril* 1743.

Du 9 Décembre 1741.

* Arrest contradictoire de la Cour des Aydes, qui infirme une Sentence des Elus de Poitiers du 3 Septembre 1739 ; condamne François Thevenet, Laboureur demeurant à Fleuret, à la confiscation de deux Charettes, quatre Bœufs & Harnois, & deux cens Fagots, que les Commis ont trouvé exposés en vente sur le Plan de S. Pierre de la Ville de Poitiers, qu'il avoit fait entrer en exemption & en fraude des Droits de sol pour livre, au moyen de la déclaration faite au Bureau de la Porte du Pont Joubert, qu'ils étoient du crû & pour la provision de la Dame Marsaut, Bourgeoise de Poitiers, en vingt-cinq livres d'amende & aux dépens.

Nota. Cet Arrest juge que le Fermier est autorisé à prendre des gages des Voituriers pour sureté des Droits.

Du 12 Décembre 1741.

Arreſt du Conſeil, qui ordonne que les Ouvrages & Vaiſſelles d'Or & d'Argent venant des Pays Etrangers, Principautés
enclaſées dans le Royaume, ou des Villes & lieux dans leſquels le Droit de Marque n'eſt point établi, ſoit que leſdits Ouvrages & Vaiſſelles ſoient neuves, ou qu'elles ayent ſervi, acquitteront les Droits de Marque & de Controlle, excepté les
cas où il plaira au Roy de les en exempter, & de la Vaiſſelle
que les Propriétaires conſentiront être rompue dans le Bureau
du Fermier.

Du 12 Décembre 1741.

* Arreſt Contradictoire de la Cour des Aydes de Paris, qui
infirme trois Sentences de l'Election d'Eu, par l'une deſquelles
Jacques le Rond le fils, Antoine d'Ohin, Pierre Courtin, tous
Pécheurs au Bourg d'Ault, & leurs femmes, ont été renvoyés
de la demande du Fermier des Aydes, ſous prétexte que les
Commis, qui ont dreſſé des Procès-verbaux contr'eux, n'ont
point prêté ſerment pour le Fermier des Aydes du Bail actuel,
mais ſeulement pour celui du Bail précédent, & par les deux
autres Sentences ledit le Rond fils & Pierre Godard, Pécheurs
audit lieu, ont été déchargés des procès-verbaux dreſſés contr'eux, pour fraude des Droits de ſol pour livre ſur le Poiſſon
de Mer frais, ſec & ſallé, ſous prétexte que leſdits Droits n'ont
point été ci-devant perçus audit Bourg; confiſque au profit du
Fermier des Aydes le Poiſſon de Mer qu'ils ont fait arriver au
Bourg d'Ault, ſans déclaration & payement deſdits Droits, &
les condamne ſolidairement en cinquante livres d'amende, &
aux dépens tant des cauſes principales que d'appel.

Du 12 Décembre 1741.

Arreſt Contradictoire du Conſeil, qui déboute Charles Ju,
Treſorier de France au Bureau des Finances de Bourges, &
ſes Aſſociés intéreſſés dans l'exploitation des Mines de Charbon
de Terre d'Auvergne, François Bouton, Gilles Pouſſet, Antoine

ïoine Roux , Jacques du Four & Affociés , Marchands de
Charbon de Terre de la Ville de Paris ; Jars Proft & Compagnie Marchands de Charbon de Terre de S. Eftienne en
Foreft , Nicolas Bourgeois , l'Abbé , Germain & Bergeron ,
auffi Marchands de Charbon de Terre , des demandes par eux
formées par leurs Requeftes des 10 & 12 Janvier 1741 , ten-
dantes à ne payer aux Officiers Mefureurs & Porteurs de Charbon , créés par Edit de Janvier 1727 , que vingt-cinq fols par
Voye de Charbon de Terre , & non les quatorze fols neuf de-
niers attribués à pareils Officiers créés & rétablis par autre Edit
du mois de Mai 1730 ; & ordonne l'exécution de l'Arreft du premier Novembre 1740 , qui les maintient dans la jouiffance
defdits Droits.

Des 21 Février & 14 Décembre 1741.

* Arreft du Confeil , & Jugement de M. l'Intendant
de la Généralité de Rouen ; le premier évoque plufieurs Inftances pendantes en l'Election de Pont - l'Evêque , entre le Fermier des Aydes , fes Commis , & Pierre Suzanne , Suzanne Boirel fa femme , Joseph Madelinne , Jacques Bequemont , Huiffiers & autres , pour fraudes & rebellion refpectives , & commet M. l'Intendant pour les juger
en dernier reffort avec le nombre de Gradués requis par
l'Ordonnance : & le Jugement caffe & annulle la plainte
faite contre les Commis , & toute la procédure faite en l'E-
lection de Pont-l'Evèque , au préjudice du Procès-verbal par
eux rendu contre Suzanne Boirel , & des Réglemens qui déf-
fendent d'admettre aucune preuve teftimoniale contre les Procès-verbaux des Employés des Fermes ; & faifant droit fur les
Procès-verbaux de prétendue rebellion faite par les Commis
aux Huiffiers , & requifitoire du Procureur du Roy de l'Election contre le Directeur des Aydes , la dénonciation & intervention des Huiffiers , l'intervention de la part de Pierre Suzanne & fa femme , & autres demandes , met les Parties hors de
Cour & de Procès , caffe les décrets d'ajournement perfonnel
& de prife de corps rendus en l'Election contre les Commis ;
ordonne que les écrous de leurs perfonnes feront rayés & bif-

fés , & les renvoye dans les fonctions de leurs emplois.

Du 19 *Décembre* 1741.

Arreſt du Conſeil , qui décharge la Communauté des cent vingt Officiers , Inſpecteurs, Controlleurs & Viſiteurs Généraux établis ſur les Vins par Edit du mois de Juin 1730 , Arreſts & Lettres Patentes des 31 Mars 1733 , & 24 Aouſt 1741 , du rembourſement qu'elle devoit faire annuellement d'une ſomme de trois cens mille livres ſur les capitaux des emprunts qu'elle avoit été autoriſée de faire , & ce attendu la rétroceſſion par elle faite au Domaine de la Ville de Paris & aux Officiers Eſſayeurs d'Eaux-de-vie & Eſprit de Vin , de partie des Droits dont elle avoit droit de jouir.

Du 19 *Décembre* 1741.

Arreſt du Conſeil , qui avant faire droit ſur la demande en indemnité prétendue par la Communauté des Maîtres Braſſeurs de la Ville de Paris , en qualité de Fermier des Droits ſur la Bierre , à cauſe de la défenſe faite par Arreſt du Parlement du 22 Septembre 1740, d'en braſſer ; ordonne qu'elle remettra dans quinzaine à M. le Controlleur Général un Etat certifié de la quantité de Muids de Bierre braſſée depuis ledit jour 22 Septembre 1740 juſqu'au dernier Septembre 1741, pour ledit Etat vû & rapporté , être ordonné ce qu'il appartiendra ; ſurſeoit pendant ledit tems les pourſuites commencées par le Fermier Général pour le prix de leur Bail pendant le tems qu'ils ont ceſſé de fabriquer, & faute de remettre ledit Etat, ladite Communauté contrainte de payer la totalité du prix de leur Bail.

Du 2 *Janvier* 1742.

* Arreſt Contradictoire du Conſeil, qui déboute les Maire , Echevins & Habitans d'Aumalle de l'oppoſition qu'ils ont formée à l'exécution de l'Arreſt du Conſeil du 10 Octobre 1741, par lequel il eſt fait deffenſes à l'Adjudicataire des Droits de Tarif de ladite Ville & ſes Prépoſés de recevoir aucunes ſom-

mes de cinq fols & au-deſſus pour leſdits Droits, ſans en délivrer quittances en papier timbré, & enjoint aux Redevables de
les prendre, & en rembourſer le prix, ſous les peines y portées;
ordonne que ledit Arreſt ſera exécuté ſelon ſa forme & teneur, & les condamne au coût du preſent Arreſt, liquidé à
ſoixante-quinze livres.

Du 9 Janvier 1742.

* Arreſt du Conſeil, qui fixe à la ſomme de dix-huit mille
livres par an le dixiéme des Droits attribués aux Officiers Inſpecteurs ſur les Vins de la Ville de Paris, & ce tant que cette
Impoſition ſubſiſtera.

Du 10 Janvier 1742.

* Arreſt de la Cour des Aydes, qui défend aux Officiers du
reſſort de la Cour d'annuller les Procès-verbaux des Employés
ſous prétexte que les actes de leur reception & preſtation de
ſerment n'auroient point été dépoſés au Greffe de la Juriſdiction dans le reſſort de laquelle ils exercent leurs fonctions.

Du 17 Janvier 1742.

* Arreſt Contradictoire de la Cour des Aydes de Paris, qui
confirme une Sentence des Elûs d'Amiens du 4 Juin 1740,
par laquelle, ſans avoir égard aux offres faites par Jean le Tellier, Marchand à Amiens, de payer au Fermier des Aydes le
Droit de ſol pour livre aux Entrées ſur neuf cens quatre-vingt-
dix planches qu'il y a fait venir d'une longueur, largeur &
épaiſſeur extraordinaires, à raiſon de trente ſols le cent, ainſi
qu'il eſt fixé par le Tarif arrêté en 1673, en l'Election d'A-
miens, a condamné ledit le Tellier à payer ledit Droit par reduction & évaluation ſur chacune planche ordinaire, qui, ſuivant l'uſage, doit être de ſept pieds de longueur ſur un pied
de largeur & un pouce d'épaiſſeur.

Du 20 *Janvier* 1742.

* Ordonnance de M. le Lieutenant Général de Police, qui ordonne que dans la premiere quinzaine de Caréme de la prefente année 1742, les Marchands Bouchers de Paris, & autres, feront tenus de faire la converfion des Laiffez-paffer à eux délivrés tant par les Prépofés de Jean-Baptifte Hayon, précédent Fermier des Droits qui fe perçoivent dans les Marchés de Sceaux & de Poiffy, que par Pierre le Cocq, Fermier actuel defdits Droits pendant les mois d'Octobre, Novembre & Décembre 1741, en nouveaux Laiffez-paffer du Timbre de la nouvelle Ferme pour l'année 1742, à peine de nullité des anciens Laiffez paffer, de confifcation des Moutons, & cinq cens livres d'amende contre les Bouchers qui en rapporteront, & de trois cens livres d'amende contre les Commis aux Entrées qui admettront lefdits anciens Laiffez-paffer.

Du 20 *Janvier* 1742.

* Ordonnance de M. l'Intendant de la Généralité de Limoges, qui en exécution de l'Arreft du Confeil du 13 Février 1731, permet aux Commis de Philippe Serant, Fermier des Aydes des Généralités de Poitiers & la Rochelle, & Election d'Angoulême, de faire leurs vifites & prendre en charge fur leurs Regiftres portatifs les Vins & Boiffons qui fe débitent chez tous Particuliers, Gens du commun, dans plufieurs Villes, Bourgs & Villages de l'Election d'Angoulême, pour en cas de fraude, être lefdits Particuliers, Gens du commun, condamnés au payement des Droits de détail de l'excédent de leur confommation raifonnable, eu égard à leur état & facultés ; en confequence ordonne qu'ils feront tenus de faire ouverture de leurs Caves, Celliers & autres Bâtimens à eux appartenans, à la premiere requifition defdits Commis, à peine de cent livres d'amende pour chaque contravention.

Du 23 Janvier 1742.

* Arreſt du Conſeil, qui reçoit Jacques Forceville, Fermier Général, oppoſant à l'Arreſt du Conſeil du 31 Janvier 1736, en ce qu'il diſpenſe l'Adjudicataire du Tarif de la Ville & Faux-bourgs de Pontoiſe, de donner en papier timbré les quittances des Droits qui ſeront payés aux Entrées de ladite Ville ; or-donne l'exécution de l'Ordonnance & Réglemens, & fait dé-fenſes audit Adjudicataire, ſes Procureurs & Commis de per-cevoir aucuns Droits, de quelque nature que ce ſoit, ſans en donner quittance ſur papier timbré, & ſans en pouvoir déli-vrer deux ou pluſieurs ſur une même feuille, demie feuille ou quart, & à tous Particuliers de faire entrer aucune choſe ſu-jette aux Droits dudit Tarif, ſans en prendre quittance, dont ils ſeront tenus de rembourſer auſdits Commis les frais du Tim-bre pour tous les Droits qui ſeront de cinq ſols & au-deſſus ; & à l'égard des acquits & quittances au deſſous de cinq ſols, ils ſeront délivrés & reçus en papier non-timbré, & ſans frais ; le tout à peine contre leſdits Commis de trois cens livres d'a-mende par chaque contravention, d'être déchus de leurs em-plois, & de concuſſion, & contre les Redevables, de ſaiſie & confiſcation.

Du 23 Janvier 1742.

* Arreſt Contradictoire de la Cour des Aydes de Paris, qui confirme une Sentence de l'Election de Cognac, par laquelle Jean Verit, Cabaretier & ſa femme, ont été condamnés à la confiſcation des Vins ſur eux ſaiſis & entrepoſés dans une mai-ſon par eux louée ſous le nom de François Auvin leur domeſti-que (nonobſtant qu'ils euſſent mis en fait, & ſoutenu que le Bail fait audit Auvin, & par lui preſenté lors du Procès-verbal étoit ſincere, qu'il jouiſſoit de ladite maiſon, que leſdits Vins lui appartenoient, & dont les Congés en ſon nom avoient été par lui repréſentés) en l'amende de cinq cens livres d'une part, pour raiſon de l'entrepoſt, & en celle de trois cens livres d'au-tre, pour la fauſſe déclaration & deſtination deſdits Vins, par eux faites ſous le nom dudit Auvin, leſquelles amendes

font néanmoins modérées par ledit Arreſt ; ſçavoir , celle pour l'entrepoſt à trois cens livres , & celle pour la fauſſe déclaration à cinquante livres , & les condamne en tous les dépens.

Du 24 Janvier 1742.

* Arreſt de la Cour des Monnoyes, qui condamne les nommés Jean le Cocq & René Blaudau, ſe diſant Marchands Forains, en trois livres d'amende ſolidairement, pour s'être immiſcés de vendre & débiter des Ouvrages d'Orſévrerie ſans titre ni qualité ; & leur fait deffenſes de recidiver, ſous plus grande peine.

Du 26 Janvier 1742.

* Ordonnance de Police, portant Réglement pour le Commerce, Vente, Diſtribution & Uſage des Huitres à l'Ecaille. *Contenant 9 Articles.*

Du 30 Janvier 1742.

* Arreſt du Conſeil, & Lettres Patentes ſur icelui, qui, en interprétant les Arreſts & Lettres Patentes des 31 Mars & 8 Avril 1733, la Déclaration du 16 Aouſt audit an, l'Arreſt du 27 Octobre ſuivant, la Déclaration du 10 Mai 1735, les Arreſts des 7 Janvier 1738 & 7 Novembre 1740, l'Edit du mois de Juin 1741, les Arreſts & Lettres Patentes des 24 & 25 Aouſt ſuivant, rendus en faveur de la Communauté des Conſeillers du Roy, Inſpecteurs ſur les Vins de l'Hôtel de Ville de Paris, & des Jaugeurs ſupprimés, ordonnent qu'au moyen des différentes retroceſſions faites par ladite Communauté, les 14 Aouſt 1733, 28 Juin & 23 Aouſt 1741, des Droits dont elle avoit la réunion ; elle demeurera déchargée, tant de l'excédent des trente-deux millions deux cens mille livres d'emprunts porté par ledit Arreſt du 8 Avril 1733, que des vingt-trois millions ſix cens quatre-vingt mille livres, à laquelle ſomme ils avoient été reduits par la Déclaration du 10 May 1735 ; leſquels emprunts demeurent fixés, ainſi qu'ils l'ont été par leſdits Arreſt & Lettres Patentes du 25 Aouſt 1741, à ſix millions neuf cent qua-

tre-vingt-quatre mille foixante livres , indépendemment des quatre millions deux cens mille livres de la Finance particuliere payée par les Titulaires des cent vingt Offices de ladite Communauté des Infpecteurs. *Regiftrées en Parlement, le 3 Aouft* 1743.

Du 31 Janvier 1742.

* Ordonnance de M. l'Intendant de la Généralité de Paris, concernant l'établiffement des Garnifons Militaires pour le Recouvrement des Impofitions dans la Généralité de Paris. *Contenant 19 Articles.*

Du 9 Février 1742.

* Sentence du Bureau de la Ville, qui condamne Claude Agnès, Compagnon de Riviere, en cent livres d'amende, pour avoir lâché un Couplage de Toues chargées de Vin au Port de la Gréve avec une corde à peine fuffifante pour conduire une feule Toue ; enforte qu'ayant rompu, lefdites Toues auroient été au gré de l'eau, & feroient tombées fur les Batteaux à laver leffives, qu'elles auroient bleffés : ce qui auroit pû occafionner de plus grands dangers, & la perte defdits Vins, s'il n'y eût été apporté un prompt fecours, & qui lui fait deffenfes de récidiver, fous plus grandes peines.

Du 10 Février 1742.

* Sentence Contradictoire du Bureau de la Ville, entre Jacques Forceville, Adjudicataire des Fermes Générales, & les Huiffiers Commiffaires Audienciers du Bureau de la Ville, qui juge que ledit Forceville peut fe fervir de tels Huiffiers que bon lui femblera pour donner les Affignations au Bureau de la Ville, & pour mettre à exécution les Ordonnances, Sentences, Réglemens & Contraintes dudit Bureau ; déboute lefdits Huiffiers de la Ville de leurs intervention & demandes, & les condamne aux dépens.

Des 13 Février & 9 Mars 1742.

* Arreſt du Conſeil, & Lettres Patentes, *regiſtrées en la Cour des Aydes de Paris, le 5 Avril* 1742, portant défenſes à ceux qui acheteront des Eaux-de-vie dans des Vaiſſeaux de la conſinance de ſoixante pintes, meſure de Paris, d'en faire l'enlevement ſans déclaration au Bureau du Fermier des Aydes du lieu de l'achat, ou le plus prochain d'icelui ; laquelle déclaration contiendra la quantité d'Eau-de-vie, les noms, qualités & demeures des Vendeurs, & celui de la deſtination, dont il ſera donné congé en payant les Droits du Timbre ſeulement, lequel ſera repreſenté aux Commis lors de leurs viſites & exercices, à peine de confiſcation & de cent livres d'amende.

Du 13 Février 1742.

* Arreſt du Conſeil, qui caſſe deux Sentences des Elus de Rouen, du 3 Octobre 1741, pour avoir annullé deux Procès-verbaux dreſſés contre Jean Gingois & Louis Glin, ſurpris vendant des Boiſſons en détail ſans déclaration, & en fraude des Droits d'Aydes, ſous prétexte que les Commis, dans la copie qu'ils ont ſignifiée deſdits Procès-verbaux à Gingois & Glin, en teſte de l'aſſignation qu'ils leur ont donnée ſur leſdits Procès-verbaux, en l'Election, ils ont omis de faire mention de la ſignature de leurs noms qui eſt au bas des Originaux ; confiſque au profit du Fermier des Aydes les Boiſſons ſaiſies par les Commis ; condamne Gingois & Glin chacun en cent livres d'amende, & aux dépens faits en l'Election.

Du 13 Février 1742.

* Arreſt Contradictoire du Conſeil, qui déboute Robert Becquet, Marchand de Vin en gros de la Paroiſſe de Bouquetot, de ſon oppoſition à celui du 27 Juin 1741, par lequel, en caſſant un Arreſt de la Cour des Aydes de Rouen du 3 Mars précédent, a ordonné l'exécution d'une Sentence de l'Election de Pontaudemer du 17 Octobre 1740, qui avoit débouté

ledit

ledit Becquet des Lettres de refcifion contre un accord fait par les Commis pour vente fans déclaration, quoiqu'il eût tranfigé avec les Commis faififfans, fans la participation du Directeur.

Du 20 Février 1742.

Arreſt du Conſeil, qui commet le Sieur Intendant d'Orleans pour inſtruire & juger le Procès du nommé Boucheron, Receveur de la Ville & Election de Clamecy, pour raiſon du divertiſſement des deniers de ſa Recette, ainſi qu'à ſes Complices, Fauteurs, Participes ou Adhérans.

Du 20 Février 1742.

* Arreſt Contradictoire du Conſeil, entre les Officiers de l'Election de Paris;

La Veuve du Sieur Roger, Receveur des Aydes à l'Hôtel de Bretonvilliers;

Le Procureur du Roi,
Les Notaires, } au Châtelet de Paris, Intervenans.
Et les Commiſſaires,

Au ſujet du Scellé appoſé, après le décès dudit Sieur Roger; par les Officiers de l'Election de Paris, à la Requeſte de Jacques Forceville, Adjudicataire des Fermes Générales; ledit Scellé croiſé à la Requeſte de la Veuve dudit Sieur Roger, par le Sieur Sautel, Commiſſaire du Châtelet:

Qui ordonne que les Officiers de l'Election de Paris ſeront tenus de reconnoître, lever & ôter les Scellés par eux appoſés, & réappoſés à la Requeſte de l'Adjudicataire des Fermes Générales; ſinon que leſdits Scellés ſeront briſés & ôtés par ledit Sieur Sautel, Commiſſaire, qui réappoſera les ſiens partout où beſoin ſera, pour être par lui reconnus, levés & ôtés, & être par les Officiers du Châtelet procédé par continuation à la deſcription & inventaire par eux commencés; fait défenſes aux Officiers de l'Election de les y troubler, à peine de tous dépens, dommages & intérêts; ordonne en outre que ledit Commiſſaire Sautel & Me. Collard, Procureur au Châtelet de Paris, demeureront déchargés du Décret d'aſſigné pour être oüis, prononcé contre eux par l'Arreſt de la Cour des Aydes du 18 Novembre 1741 , lequel Décret Sa Majeſté déclare nul & de nul effet.

Nota. Cet Arreſt eſt fondé ſur la mainlevée donnée par l'Adjudicataire des Fermes Générales , de l'oppoſition du Scellé faite à ſa Requête par les Officiers de l'Election de Paris , & qu'il a conſenti qu'il demeure nul & ſans effet, ſans préjudice de ſes droits contre la ſucceſſion dudit Sieur Roger & ſes Cautions , & ſur ce que la Veuve dudit Sieur Roger a juſtifié des mainlevées des oppoſitions faites audit Scellé.

Du 23 Février 1742.

* Sentence du Bureau de la Ville, portant Réglement pour le Flottage , la conduite ſur les Rivieres , le tirage ſur les Ports , & l'empilage dans les Chantiers des Bois flottés à brûler , pour la proviſion de cette Ville , avec le Tarif des frais de Voiture de chaque Train de Bois , &c.

Du 28 Février 1742.

* Arreſt Contradictoire de la Cour des Aydes , qui confirme , avec amende & dépens , une Sentence des Elûs de Paris , du 8 Mai 1741 , qui condamne la Dame Claude David , Veuve d'Officier Commenſal de la Maiſon du Roi , vendant Vin de ſon crû , à pot , en ſon domicile à Argenteüil , en cent livres d'amende , & à la confiſcation de vingt demi-queuës Orleans , de Vin qu'elle a cuvé & encavé à Bezons , ſans en avoir fait ſa déclaration.

Le Procès-verbal établit deux contraventions. La premiere ſe tire du défaut de déclaration , lors des viſites faites dans l'intervalle des vendanges aux Inventaires. La ſeconde eſt fondée ſur l'Article premier du Titre II. de la Vente du Vin en détail de l'Ordonnance de 1680 , qui enjoint à tous vendans Vin de déclarer les Vins qu'ils ont en leur poſſeſſion dans une ou pluſieurs caves.

Du 6 Mars 1742.

* Arreſt Contradictoire de la Cour des Aydes , qui infirme une Sentence des Elûs des Sables d'Olonne , & condamne Jacques Mercier & ſa femme , Cabaretier à la Lande Blanche ,

pour s'être oppofé à l'exercice & aux perquifitions des Commis en vingt-cinq livres d'amende, & aux dépens.

Les Elûs avoient déclaré le Procès verbal nul, & condamné le Fermier aux dépens fur deux nullités alléguées par Mercier.

La premiere, que le Procès-verbal n'avoit été dépofé au Greffe que quatorze jours après l'affignation.

Et la feconde, que l'affirmation avoit été reçûe par le Juge de Palluau, qui étoit Diftributeur de la Formule, Buralifte des Droits d'Entrées, & Commis du Fermier.

Du 8 Mars 1742.

* Lettres Patentes du Roi, portant que les Officiers de la Louveterie, demeurant dans les Provinces, envoyeront tous les ans dans le mois de Décembre, au Grand Louvetier de France un certificat légalifé des Juges des lieux, comme ils font en vie, afin d'être employés dans l'Etat des Privilégiés qui s'enregiftre annuellement à la Cour des Aydes, & que faute d'envoyer lefdits certificats pendant deux années de fuite, ils ne jouiront d'aucuns privivіléges. *Regiftrées au Parlement, le 24 Avril 1742.*

Du 9 Mars 1742.

* Sentence du Bureau de la Ville de Paris, qui condamne Gilles Quefnel, Chaircuitier, Jean Senard le jeune, Marchand de laine, demeurant dans la grande rue du Faux-bourg S. Antoine, &   Ruelle, auffi Chaircuitier demeurant rue de Charenton, à payer les Droits de Jaugeurs-Mefureurs fur les Vins & autres Boiffons, appartenans à la Ville à titre de Domaine, des Vins trouvés chez eux les 10 & 13 Novembre précédent, defquels Vins ils n'avoient point fait déclaration lors de l'Inventaire des Vins de la recolte de l'année derniere, & aux dépens ; & qui, de grace, les décharge de la confifcation defdits Vins, & de l'amende par eux encourue, fauf à M. le Procureur du Roi & de la Ville à prendre la voye extraordinaire contre ledit Ruelle & le nommé Labbé, pour raifon de la rebel-

lion par eux faite lors dudit Procès-verbal des 10 & 13 Novembre dernier.

Du 13 Mars 1742.

* Arreſt Contradictoire de la Cour des Aydes, qui infirme une Sentence rendue par les Elûs de Poitiers, du 6 Septembre 1740, par laquelle un Procès-verbal des Commis avoit été déclaré nul. 1o. Parce qu'il n'avoit pas été dépoſé au Greffe dans le tems de l'Ordonnance. 2o. Parce que l'Huiſſier n'avoit pas rapporté dans la ſignification de la Copie, la ſignature des Commis, ni celle du Juge qui avoit reçû l'affirmation. 3o. Parce que les Commis n'avoient pas ouvert & ſondé la Barique, pour conſtater le remplage ; condamne Laurent Dalloux, Cabaretier à Sommieres, à la confiſcation de la Barique de Vin ſaiſie, en l'amende de vingt-cinq livres, & aux dépens.

Du 13 Mars 1742.

* Arreſt du Conſeil, portant Réglement pour les Toiles à voiles qui ſe fabriquent à Lokornan, Poulan, Plonerez, Porzay, Mahalon, Melard, Plomodiern, Ploueven, Saint-Nie, Caſt, Quemeneven, Plogonnec, Guenguat, & autres lieux des environs en Bretagne, contenant quarante-ſix Articles, dont le vingt-cinquiéme ordonne que leſdites Toiles ſeront marquées aux deux bouts, des noms & demeures des Fabriquans, ou de ceux qui font fabriquer, à peine de confiſcation & de vingt livres d'amende par chaque piéce ; le vingt-ſeptiéme diſpenſe les certificats d'inſcription des Fabriquans au Greffe de la Juriſdiction des Manufactures de Lokornan, d'être en papier timbré ; le vingt-huitiéme ordonne que les Toiles ſeront viſitées au Bureau de viſite, & marquées comme deſſus de la marque du Bureau, à peine de confiſcation & de cinquante livres d'amende pour chaque piéce ; l'Article XXXV. veut qu'il ſoit tenu au Bureau de viſite à Lokornan un Regiſtre en papier non timbré pour y enregiſtrer le nombre de Piéces de Toiles qui y auront été viſitées ; les Articles XL. & XLI. ordonnent que les ballots deſdites Toiles qui ſortiront par Mer pour d'autres Ports du Royaume ou pour l'Etranger ſeront dé-

clarés au Bureau des Fermes, établi dans la Ville où se fera l'embarquement ; dans lequel Bureau les ballots seront ouverts & visités, pour voir s'ils ne se trouvent pas marqués sur la couture, de la marque du Bureau de Lokornan, sans que ceux qui se trouveront ainsi marqués puissent être ouverts, mais seulement assujettis à la vérification de ladite marque, & que lesdites Toiles qui, lors de la visite qui en sera faite par lesdits Commis, se trouveront sans la marque de visite ordonnée par l'Article XXVIII. seront par eux saisies & confisquées avec amende de cinquante livres pour chaque piéce, appliquable un tiers au profit du Roi, un tiers au profit des Commis, & l'autre tiers aux Pauvres des lieux où les Jugemens seront rendus ; l'Article XLIII. applique les amendes pour raison des contraventions audit Réglement : sçavoir, un quart au Roi, un quart aux Pauvres, & l'autre moitié sera remise au Commis préposé à la marque des Toiles dont il tiendra Registre, pour être le produit desdites amendes employé au payement des appointemens dudit Commis, & aux dépenses nécessaires pour le service du Bureau de visite, sur les Ordonnances de l'Intendant de la Province.

Du 13 Mars 1742.

Arrest du Conseil, qui évoque une Instance pendante à la Cour des Aydes de Rouen entre Jacques Forceville Adjudicataire des Fermes Générales Unies, & Jean-Baptiste Chibelier agissant pour le Capitaine Cambernon, sur l'appel interjetté par ledit Forceville d'une Sentence de l'Election de Montivilliers du 10 Octobre précédent, par laquelle, en recevant ledit Chibelier, opposant à une contrainte décernée contre lui par le Receveur des Fermes au Havre pour le payement des Droits de neuf livres dix-huit sols par Tonneau, anciens & nouveaux Cinq sols, Subvention, Jauge & Courtage, quatre sols pour livre desdits Droits, & quatre sols pour livre du Droit des grandes Entrées, sur seize Muids trois quarts de Vin d'Espagne venus par Mer, & déchargés au Havre, l'a déchargé des Conclusions du Fermier, pour sur ledit appel, circonstances & dépendances, être fait droit aux Parties, & leur défend de se pourvoir pour raison de ce ailleurs qu'au Conseil, à peine

de nullité, caffation de Procédures & Jugemens, quinze cens
livres d'amende, & de tous dépens, dommages & intérêts.

Du 13 Mars 1742.

Arreſt Contradictoire du Conſeil, qui, ſans avoir égard à
une Sentence du Bureau de la Ville de Paris du 17 Mars 1741,
déboute les Officiers Meſureurs & Porteurs de Charbon de
Terre, de leur demande tendante à confiſcarion du Charbon
de Terre par eux ſaiſi chez les nommés Valentin & Moreau,
Serruriers à Charenton, ſous prétexte qu'ils n'en avoient point
fait déclaration, ni payé les Droits à l'entrée & leur fait mainlevée deſdites ſaiſies.

Nota. Cet Arreſt juge que les Droits ne ſont pas dûs dans la Paroiſſe de Charenton.

Du 14 Mars 1742.

* Arreſt Contradictoire de la Cour des Aydes, qui infirme
une Sentence des Elûs d'Amboiſe, par laquelle ils ont déchargé le Sieur Rouer de Château-Gaillard du Droit Annuel,
pour la vente en gros qu'il avoit faite des Eaux-de-vie, provenant des Vins de ſon crû, dans l'année qui a ſuivi celle de la
fabrication, ſous prétexte que n'érant ni Marchand en gros, ni
Marchand en détail, & ayant payé le Droit Annuel pour l'année pendant laquelle il avoit converti les Vins de ſon crû en
Eau-de-vie, il ne devoit pas ledit Droit, à cauſe de la vente
qu'il en avoit faite l'année ſuivante.

Ledit Arreſt déboute la Veuve du ſieur Vallois, Fourier des
Logis de la Maiſon du Roy; le ſieur Rochereau, Procureur du
Roi en la Maîtriſe des Eaux & Foreſts d'Amboiſe, & le ſieur
Boiſſeau, Ecuyer, de leur intervention, & juge que toutes
perſonnes, de quelque qualité & condition qu'elles ſoient,
doivent le Droit Annuel, pour avoir converti les Vins de leur
crû en Eau-de-vie dans l'année de la fabrication, & qu'elles
doivent encore un Droit Annuel pour chacune des années ſui-
vantes, pendant leſquelles elles en auront fait la vente.

Du 20 *Mars* 1742.

Arreſt du Conſeil, qui ſubroge Antoine Bernard pour continuer , au lieu & place de Remy Barbier, l'exécution du Reſultat du Conſeil du 5 Septembre 1730 , pour le recouvrement de la Finance provenant de la vente des Offices créés par Edit du mois de Juin de ladite année 1730 , ſur les Ports, Quays, Chantiers, Halles, Places, Foires & Marchés de la Ville , Faux-bourgs & Banlieue de Paris.

Du 20 *Mars* 1742.

* Arreſt Contradictoire du Conſeil, qui confirme une Ordonnance de M. l'Intendant de la Généralité de Tours , par laquelle la Veuve Milon , Tonneliere, François Perdreau & Pierre Blottin , Voituriers par eau , ont été condamnés au payement des Droits d'Aydes , au détail des Vins qu'ils ont conſommé au-de-là de ce qu'ils devoient faire , eu égard à leur état , facultés , famille & impoſition à la Taille & à la Capitation , conformément à l'Arreſt du Conſeil du 13 Février 1732.

Du 3 *Avril* 1742.

* Sentence de la Ville , qui condamne Roger Cleret, Pierre Gerard Binet, & Pierre Apoille , Voituriers par eau de Rouen , chacun en trois cens livres d'amende , pour être arrivés au Port S. Nicolas, avec leurs batteaux chargés d'Epiceries, les y avoir déchargés , & être ſortis dudit port ſans avoir fait de déclaration au Bureau des Officiers Metteurs à Port avant leur Placement , & ſans les avoir avertis avant le débâclage , qui doit être fait par leſdits Officiers , quoiqu'iceux les ayent avertis , & qui leur fait défenſes de récidiver , ſous plus grandes peines.

Du 4 *Avril* 1742.

* Arreſt du Conſeil d'Etat Privé, qui ordonne l'exécution des Edits , Déclarations , Arreſts & Réglemens concernant les

droits & fonctions des Huissiers du Conseil & de la grande Chancellerie ; en consequence que dans toutes les affaires qui seront portées au Conseil, ou dans les Commissions qui en seront émanées, il ne pourra être donné aucune assignation, ni être fait aucune signification aux Parties domiciliées dans le lieu de l'instruction, que par le ministere desdits Huissiers, à peine de nullité desdites assignations & significations, & contre les autres Huissiers qui auroient contrevenu ausdits Réglemens, de cinq cens livres d'amende, même d'interdiction.

Fait défenses aux Avocats ès Conseils de charger d'autres Huissiers que ceux du Conseil & de la grande Chancellerie, de donner de pareilles assignations, & de faire lesdites significations.

Enjoint tant aux Greffiers du Conseil, qu'à ceux des Commissions extraordinaires du Conseil de n'expédier aucuns Arrests ni Jugemens, qu'il ne soit fait mention dans le vû d'iceux, du nom & de la qualité des Huissiers, par le ministere desquels les assignations auront été données, & les significations auront été faites.

Et ordonne que le present Arrest sera lû en l'assemblée des Avocats aux Conseils, publié & affiché partout où besoin sera, pour être exécuté selon sa forme & teneur.

Des 10 Avril & 25 Décembre 1742, & 14 Janvier 1744.

* Trois Arrests du Conseil, dont le premier ordonne, avant faire droit sur l'Instance que la Requeste du Fermier des Aydes de la Généralité de Soissons, tendante à ce que plusieurs maisons soient assujetties aux Droits d'Aydes, sera communiquée aux Propriétaires desdites maisons ; le second reforme l'Etat arrêté par M. l'Intendant, confirmé par Arrest du Conseil, du 26 Octobre 1728, par lequel plusieurs maisons avoient été déchargées desdits Droits, & les y assujettit, & le troisiéme déboute Jean Naveaux & Consors, Habitans & Propriétaires de différentes maisons, ainsi que les Chanoines de S. Thomas de Crespy, pour neuf maisons renfermées dans un même Cloître, à eux appartenantes, de leur opposition à celui du 25 Decembre 1742.

D_{ij}

Du 10 Avril 1742.

* Arrest du Conseil, & Lettres Patentes sur icelui, du 25 Mai suivant, *enregistrées en la Cour des Aydes le 8 Juin audit an*, qui ordonnent que les Vinaigriers qui auront fabriqué des Vinaigres effectifs dans la Campagne, seront tenus, ainsi qu'il a été ci-devant ordonné pour les Vins gâtés ou aigris, lorsqu'ils les feront entrer dans les Villes & lieux de leurs domiciles sujets aux Droits d'Entrées, de faire la déclaration des Vinaigres effectifs aux Bureaux des Portes, & de les faire conduire au Bureau Général des Aydes, pour y séjourner le tems prescrit par les Réglemens, la dégustation en être faite par les Commis, & y être versé la quantité de Vinaigre, ainsi qu'il est porté, & conformément ausdits Réglemens, le tout à peine de confiscation, & de cent livres d'amende.

Du 13 Avril 1742.

* Arrest contradictoire de la Cour des Aydes, qui confirme une Sentence de la Jurisdiction des Traittes de Monfaucon, du 23 Février 1739, par laquelle le nommé Jean Gatelet, dit Lépine, Laboureur & Fermier de la Ferme de Serrieux, Paroisse de Chehery, demeurant audit Serrieux, frontiere du Clermontois, Pays reputé Etranger, a été condamné en la confiscation de sept poinçons & demi de Vin, & une caque d'Eau-de-vie, excédant la quantité de six muids, à laquelle sa consommation annuelle se trouve fixée par l'Arrest du Conseil du 15 Avril 1738, en sa qualité de Laboureur & Fermier, en cinquante-cinq livres d'amende & aux dépens, nonobstant un abonnement qu'il prétendoit avoir fait avec le Fermier des Aydes, pour vendre du Vin dans ladite Paroisse, au moyen duquel il soutenoit devoir être excepté de la régle, & avoir dans sa cave autant de Vin & d'Eau-de-vie que bon lui sembleroit.

Du 13 Avril 1742.

* Arrest Contradictoire de la Cour des Aydes de Paris, qui
AYDES.   D

confirme une Sentence des Elûs d'Angers, condamne Mathurin Vallet, Adjudicataire de la seconde moitié des Droits d'Octroy de la Ville de Beaufort, en trois cens livres d'amende, & aux dépens, tant des causes principales que d'appel, pour contravention à l'Ordonnance & aux Réglemens concernant la Formule ; ordonne l'exécution de la Déclaration du Roi du 19 Juin 1691, & en conséquence fait deffenses audit Vallet de faire à l'avenir la régie & perception desdits Octroys, sans avoir, & faire tenir des Registres en bonne forme, & sans délivrer les quittances desdits Droits, le tout en papier timbré.

Du 19 Avril 1742.

* Quatre Sentences Contradictoires des Officiers de l'Election de Paris, qui condamnent plusieurs Marchands de Vin du Fauxbourg S. Antoine, au payement des Droits d'Entrées des Vins trouvés chez eux lors de l'Inventaire, provenant des Vendanges par eux achetées en petits paniers de dix livres chacun, apportés, tant du dehors que du dedans, des barrieres, converties en Vin, & par eux vendu en détail, & les condamnent aux dépens.

Du 24 Avril 1742.

Arrest du Conseil, qui ordonne l'envoi des motifs de celui de la Cour des Aydes de Montpellier, du 13 Mars précédent, pour avoir jugé que de l'Esprit de Vin n'étoit que de l'Eau-de-vie simple, quoique l'épreuve en eût été faite de l'ordre de ladite Cour avec de l'huile, conformément à l'Article XIII. du Réglement fait pour la fabrique des Tonneaux, & pour la qualité des Vins. Eaux-de-vie & autres Liqueurs, & ordonné que les Droits de sortie de soixante-quinze Barriques de cette Liqueur, que le sieur Rambaud, Marchand de la Ville de Cette, avoit déclaré être de l'Eau-de-vie simple, acquitteroit les Droits sur ce pied, à raison de seize deniers par verge au lieu de trente sols par quintal, comme Esprit de Vin, comme le Fermier le demandoit, conformément à l'Arrest du Conseil du 23 Octobre 1703, pour lesdits motifs vûs & examinés, être ordonné ce qu'il appartiendra, toutes choses demeurant en état,

Du 26 Avril 1742.

* Arreſt Contradictoire de la Cour des Aydes de Rouen , qui infirme une Sentence des Elûs de Bernay , par laquelle une promeſſe d'abonnement faite par le Directeur des Aydes à Charles Bardel & Robert Piel, pour vendre en gros & en détail de l'Eau-de-vie , du Vin , du Cidre & du Poiré dans la Paroiſſe de S. Aubin ſur Riſle , moyennant cent livres par an & les Droits Annuels, avoit été déclarée obligatoire avec dépens ; en conſéquence, caſſe & annulle ladite promeſſe comme contraire aux Réglemens , avec dépens des cauſes principale & d'appel ; deffend aux Directeurs de faire aucuns abonnemens ſans le conſentement par écrit du Fermier, dont mention ſera faite dans l'Acte , à peine d'être reſponſables des dépens , dommages & intérêts des Parties, & leur enjoint de faire enregiſtrer leurs Procurations aux Greffes des Elections.

Du 4 May 1742.

* Sentence du Bureau de la Ville de Paris , qui condamne Joſeph Adam, Marchand Voiturier par eau , de S. Dizier , en cinquante livres d'amende , pour avoir les 28 & 30 Avril précédent , fait deſcendre deux Toues chargées de Fer au Port de la Conférence , ſans avoir fait ni fait faire, en ſon abſence de cette Ville , Déclaration au Bureau des Officiers Metteurs à Port , audit Port , & laquelle lui fait défenſes de récidiver , ſous plus grandes peines.

Du 8 May 1742.

Arreſt Contradictoire du Conſeil , qui déboute les Bouchers & Habitans du lieu de Ladon , dépendant de l'Appanage de M. le Duc d'Orleans, de l appel par eux interjetté d'une Ordonnance de M. l'Intendant de la Généralité de Paris, du 30 Aouſt 1741, qui les condamne au payement des Droits d'Inſpecteurs aux Boucheries , ainſi que de leur oppoſition à l'Arreſt du Conſeil du 26 Avril 1723 , qui aſſujettit ledit lieu de Ladon au payement deſdits Droits.   D ij

Du 8 *May* 1742.

* Arreft du Confeil, & Lettres Patentes, *regiftrées en la Cour des Aydes de Rouen*, *les* 23 *&* 24 *Juillet* 1742, portant que le Tarif de la Jauge, approuvé par l'Academie des Sciences le 29 Avril 1741, fervira de régle entre les Fermiers, leurs Commis & les Redevables des Droits d'Aydes, & que deux Originaux dudit Tarif feront dépofés pour Matrices aux Greffes des Cours des Aydes de Paris & Rouen, pour y avoir recours, fi befoin eft.

Du 11 *May* 1742.

* Ordonnance de M. le Lieutenant de Police, Commiffaire du Confeil en cette Partie, qui condamne les nommés Audinet & Brurie, Marchands Forains de Beftiaux, au payement des Droits de Rateliers au Marché de Seaux, à raifon de deux fols fix deniers par Ratelier de dix pieds de largeur, pour fept cens trente Moutons appartenans audit Audinet, & fix cens quatre-vingt-quinze appartenans à Brurie, & les condamne chacun en trois cens livres d'amende, & en quinze livres de dommages-intérêts.

Du 11 *May* 1742.

* Sentence du Bureau de la Ville de Paris, qui condamne Favieres, Marchand Voiturier par eau, de la Ferté Sous-Jouarre, en trois cens livres d'amende, & Jacquin, fon Facteur, Pierre Sombert, Jean Sombert, & Noel, fes Facteur & Compagnons de Riviere, chacun en cent livres de pareille amende, pour avoir par ledit Favieres, fait paffer, & par fes Facteur & Compagnons, voituré de nuit trois batteaux chargés de Bleds, de Carreaux & de Meules de Moulin, & avoir paffé enfuite le Pont de Charenton, avec lefdits trois batteaux à huit heures du foir, & qui leur fait défenfes de récidiver, à peine contre ledit Favieres, de trois mille livres d'amende, & contre lefdits Facteur & Compagnons de punition exemplaire.

Des 13 May, & 31 Juillet 1742, & 14 May 1743.

* Arrests du Conseil ; le premier, ordonne à M. le Procureur Général de la Cour des Aydes de Paris, d'envoyer dans un mois les motifs sur lesquels est intervenu l'Arrest de ladite Cour du 11 Avril 1742, rendu entre le Fermier de la Marque d'Or & d'Argent, les Maîtres & Gardes de la Mercerie de Paris, les Maîtres & Gardes de l'Orfévrerie de Paris, & Simon Thierce, l'un desdits Orfévres.

Le second, évoque une Instance pendante en la Cour des Aydes entre le Fermier de la Marque d'Or & d'Argent, & Theodore Imbert, Orfévre, sur l'appel interjetté en ladite Cour par ledit Imbert, d'une Sentence de l'Election de Paris.

Et le troisiéme, ordonne l'exécution des Articles, 1, 7, 10 & 11 du Titre des Droits de la Marque d'Or & d'Argent de l'Ordonnance de 1681, & des Arrests des 19 May & 11 Aoust 1733 ; en consequence, que les Bagues & Cachets saisis sur lesdits Thierce & Imbert, seront marqués du Poinçon du Fermier, ou cachetés de son Cachet, & que lesdits Thierce & Imbert seront tenus d'en payer les Droits a proportion du poids ; défend aux Orfévres Jouailliers, Merciers, Lapidaires, & à tous autres d'exposer en vente aucuns Ouvrages neufs d'Or & d'Argent, montés en Pierreries, de quelque nature qu'ils soient, sans les avoir préalablement fait marquer du Poinçon ou du Cachet du Fermier, & ce à peine de confiscation, & de cent livres d'amende pour chacune Piéce, &c.

Du 28 May 1742.

* Arrest du Conseil, qui en interprétant celui du 14 Septembre 1741, servant de Réglement pour le transport des Marchandises de Librairie, Estampes & autres Imprimés venant de Rouen à Paris ; ordonne que les Voituriers qui n'auront aucune Marchandise de Librairie dans leur chargement, en feront une mention particuliere dans l'affirmation qu'ils sont tenus de faire de leurs Inventaires devant le Juge de la Vicomté de l'Eau à Rouen, & commet le Sieur Noël, Inspecteur à Pa-

ris, pour fuivre l'exécution, devant le Lieutenant de Police, du Réglement de 1741.

Du 12 Juin 1742.

* Arreſt Contradictoire de la Cour des Aydes de Paris, qui déclare le ſieur le Blond, demeurant à Luchy, non-recevable dans l'appel par lui interjetté d'une Sentence des Elûs de Mont-Didier, par laquelle il a été condamné en la confiſcation des Cidres ſaiſis par les Commis aux Aydes, provenans de fruits d'achat, preſſurés & entonnés dans ſon Preſſoir ſans déclaration & en fraude des Droits de Gros, & en l'amende de cent livres, faute par ledit ſieur le Blond d'avoir mis ſon appel en état d'être jugé dans les neuf mois fixés par l'Article XLVIII. du Titre Commun pour toutes les Fermes de l'Ordonnance du mois de Juillet 1681.

Du 26 Juin 1742.

* Sentence du Bureau de la Ville de Paris, qui enjoint à Vincent Freret & Compagnie, Fermiers de la Diligence par Eau de Paris à Rouen, & Retour, de ſe conformer aux Lettres Patentes du premier May 1723, Arreſts & Réglemens depuis intervenus, & en conſéquence, de faire partir un jour de chaque ſemaine une Diligence à double Rung, pour deſcendre de Paris à Rouen, comme auſſi de fournir dans le courant de chaque ſemaine, & certaines ſaiſons, plus fortes Voitures, & autant de Batteaux qui leur en ſera demandé par les Marchands, pour la facilité de leur Commerce, pour aller en Diligence & double Rung & Chevaux frais, ſous telles peines qu'il appartiendra.

Du 3 Juillet 1742.

* Sentence du Bureau de l'Hôtel de Ville de Paris, qui condamne Louis-Ferdinand Robequin & Joſeph Godot, Marchands de bois à Marſilly, en trois mille livres d'amende, & Pierre Severin & François Collin, Voituriers par eau audit

Marsilly, en mille livres aussi d'amende, pour avoir par lesdits Robequin & Godot fait faire chacun une Lettre de Voiture, le premier à Nogent, & l'autre à Pont-sur-Seine, de bois de Charpente, sans y faire mention des quantités, du prix de la Voiture & du tems du départ, & pour n'avoir pas fait representer lesdites Lettres de Voiture aux Bureaux des Fermes du Roy, ou des Seigneurs, établis sur les Rivieres depuis les lieux de Chargement jusqu'à Paris, où il se perçoit des Droits sur lesdits Bois, & ne les y avoir pas fait viser ; par ledit Godot avoir destiné ses Bois pour le Port de la Rapée, au lieu de celui de S. Victor, & par lesdits Severin & Collin avoir fait la Voiture desdits Bois avec lesdites Lettres de Voiture défectueuses, & ne les avoir pas representées auxdits Bureaux, pour y être visées ; déclare nulles lesdites Lettres de Voiture ; confisque lesdits Bois sur lesdits Robequin & Godot, & le prix desdites Voitures sur lesdits Severin & Collin, au profit des Pauvres Prisonniers de l'Hôtel de Ville ; défend aux uns & aux autres de récidiver, sous pareille peine, & d'interdiction du Commerce pendant six mois contre Robequin & Godot, & contre Severin & Collin de pouvoir faire la Voiture d'aucunes Marchandises pour la provision de Paris.

Du 4 Juillet 1742.

* Sentence du Bureau de l'Hôtel de Ville de Paris, qui condamne Louis Rétoré, Voiturier par eau de Lagny, & François Sennegon, Commis à l'exercice du Pont de Charenton, sçavoir, ledit Rétoré en cinq cens livres d'amende, pour avoir passé audit Pont avec quatre Batteaux chargés de Bois de corde, sans avoir representé de Lettres de Voiture audit Sennegon, pour être par lui visées, & ledit Sennegon en trois cens livres aussi d'amende, pour avoir laissé passer lesdits Batteaux sans avoir requis l'exhibition desdites Lettres de Voiture, à l'effet de les viser, & ne l'avoir pas dénoncé ; deffend audit Rétoré de récidiver, à peine d'interdiction de pouvoir faire aucunes Voitures de Marchandises pour la provision de Paris, & interdit ledit Sennegon de sa Commission.

Du 10 Juillet 1742.

* Arreſt Contradictoire du Conſeil, qui, ſans avoir égard à l'oppoſition que les Habitans de la Paroiſſe de Montrelays, ſituée en Bretagne, ont formée à l'Arreſt du Conſeil du 26 Février 1737, par lequel ils ont été condamnés à payer les Droits d'Anciens & Nouveaux cinq ſols, des Vendanges provenantes de leurs Terres ſituées dans la Province d'Anjou, ſujettes aux Droits d'Aydes, pour être tranſportées dans celle de Bretagne où les Aydes n'ont pas cours, & à l'intervention que les Députés & Procureur Général des Etats de Bretagne ont formée, ſous prétexte que les Habitans de la Bretagne ſont exempts de tous Droits de Sortie pour les Denrées provenantes du crû des Terres qu'ils ont en Anjou; déboute les Habitans de Montrelays de ladite oppoſition; & ordonne que l'Arreſt du Conſeil, du 26 Février 1737, ſera exécuté ſelon la forme & teneur.

Du 17 Juillet 1742.

Arreſt Contradictoire de la Cour des Aydes de Rouen, rendu ſur une inſcription de faux formée en l'Election de Vire par Jean Goſſelin, Bourgeois de ladite Ville, contre un Procès-verbal des Commis aux Aydes, pour fraude d'entrepoſt, rebellion & mauvais traitemens exercés contre un deſdits Commis, par lequel la Cour, en admettant un moyen de faux, propoſé par Goſſelin, tendant à prouver que les Commis n'avoient pû tirer du Cidre d'un Tonneau par un trou de foſſet ſans que le fonds du Tonneau fût moüillé au bas, & la terre humectée par-deſſous, & qu'il pût encore reſter du limon autour du foſſet, comme il prétendoit qu'il s'y en étoit trouvé dans l'inſtant de la redaction du Procès-verbal, en a rejetté cinq autres contenant les allégations ci-après, 1°. Que lors de la déguſtation & confrontation du Cidre ſaiſi en ſortant de chez Goſſelin, il s'étoit trouvé diſſemblable en goût & qualité de celui du Tonneau duquel les Commis l'avoient tiré pour faire la confrontation ayant été goûté par pluſieurs perſonnes. 2°. Que les Commis ſe retirerent ſans faire aucune interpellation audit Goſſelin

de

de convenir de la parité du Cidre, ni d'en goûter. 3°. De ne lui avoir point fait sommation de les suivre chez le Cabaretier, pour être present à la confection du Billet sommaire. 4°. Que pendant que les Commis rédigeoient leur Billet sommaire, Gosselin étoit hors de la maison du Cabaretier. 5°. Que les Commis sortirent du Cabaret, & se retirerent sans le voir & sans lui faire aucune interpellation de signer ses dires, reponses & déclarations, non plus que sa charge & garde ni avant, ni lors, ni après la confection du Billet sommaire

Nota. Le seul moyen admis par la Cour, a été rejetté par Arrest du Conseil du 25 Septembre suivant.

Du 18 Juillet 1742.

* Arrest Contradictoire du Conseil, qui déclare Antoine Fresson, Brasseur de Bierre, demeurant à Estréaupont, non-recevable dans l'appel par lui interjetté d'une Sentence des Elus de Guise, par laquelle il a été débouté de l'opposition par lui formée aux Contraintes décernées contre lui par le Fermier des Aydes, pour Droits d'Aydes des Bierres qu'il a brassées & vendues, faute par ledit Fresson d'avoir relevé ledit appel dans les délais fixés par l'Ordonnance.

Du 20 Juillet 1742.

* Sentence de Police, qui deffend à tous Chaircuitiers Forains & Marchands Forains de Porcs d'entreposer & acheter des Lards dans la Ville de Paris pour les revendre à la Campagne, & condamne le nommé Cheron, Chaircuitier Forain, en trente livres de dommages-intérêts, & aux dépens.

Du 31 Juillet 1742.

Arrest du Conseil, pour faire expédier par le Trésorier des revenus casuels, une quittance de la somme d'un million sept cens quatre mille soixante livres neuf sols six deniers, au profit des Conseillers du Roy, Inspecteurs sur les Vins, dans laquelle sera fait mention des emprunts que ladite Communauté a été obligée de faire pour l'acquisition desdits Offices, conformément à l'Article XI. de l'Edit du mois de Juin 1730, & à l'Article III. de l'Arrest & Lettres Patentes du 31 Mars 1733.

Du 31 Juillet 1742.

Arrest du Conseil, qui ordonne que le sieur Jean Philippes, l'un des Inspecteurs de Police sur les Vins entrans dans Paris, créés par Edit du mois de Juin 1730, se chargera en Recette dans le Compte de l'année 1736, en un seul Article de la somme d'un million deux cens trente-un mille cent trente-deux livres dix-huit sols dix deniers, à quoi les Droits détaillés audit Arrest sont fixés, déduction faite de ceux restitués aux Bourgeois.

Du 31 Juillet 1742.

Arrest du Conseil, qui approuve le Procès-verbal de rapport, visite, toisé, prisée & estimation fait par le sieur de Cotte, Architecte des Bâtimens du Roy, le 15 May 1741, d'un Terrain appartenant au nommé Jean Charles, pris de l'ordre du Roy, pour former une place à côté du Bureau des Entrées du Roulle, & ordonne que par ledit Charles il sera passé Contrat de vente dudit Terrain au nom de Jacques Forceville, Adjudicataire des Fermes Générales-Unies, & de ses Successeurs, moyennant la somme de quatre cens cinquante livres, à laquelle ledit Terrain, ensemble la non-jouissance d'icelui pendant quatre années, ont été estimés par ledit Procès-verbal; laquelle somme sera payée par ledit Forceville, auquel il en sera tenu compte sur le prix de son Bail, ainsi que des frais & loyaux coûts.

Du 31 Juillet 1742.

* Arrest du Conseil, qui ordonne que les Droits de Rateliers qui se perçoivent pour le parcage des Moutons dans les Marchés de Sceaux & de Poissy, seront payés à l'entrée ausdits Marchés, à raison de quarante sols pour chaque cent de Moutons, à l'effet de quoi l'Adjudicataire desdits Droits sera tenu,

à l'heure de la vente indiquée par le son de la Cloche du Marché, d'avoir tous les Rateliers prêts & disposés pour le parcage des différens lots de Moutons dont il aura reçu les déclarations qui font en usage, dérogeant à cet égard seulement aux Lettres Patentes du 18 Décembre 1701, servant de Réglement pour les Marchés de Sceaux & de Poissy.

Du 31 Juillet 1742.

Arrest du Conseil, qui décharge les Fers ou Fontes en Gueuses ou en Boccages provenans du Fourneau d'Echalonge en Franche-Comté, Bailliage de Gray, qui seront transportés dans les Forges de Vosges en Lorraine, des Droits de Sortie portés par l'Ordonnance de 1680, & autres Réglemens, & notamment par l'Arrest du 2 Avril 1701.

Des 7 & 14 Aoust 1742.

Arrest du Conseil & Lettres Patentes, portant que Monsieur le Prince de Condé sera payé par le Sieur Couet, Payeur des Gages & autres Charges assignées sur les Fermes Générales : 1°. D'une somme de quatre mille livres, employée dans l'Etat du Roy de l'année 1740, sous le nom du Surintendant Général & Reformateur des Mines & Minieres de France, dont étoit pourvû feu Monsieur le Duc ; 2°. De celle de dix-huit cens quatre-vingt-six livres treize sols deux deniers, dont est fait fonds dans l'Etat du Roy de l'année 1741, sous le nom des Héritiers & Ayans cause de Monsieur le Duc de Bourbon, Propriétaire dudit Office, pour portion de gages ou rentes dûes depuis le premier Janvier jusqu'au 19 Juin 1741, jour que la quittance de remboursement de la somme de cent mille livres, prix dudit Office, a été expédiée ; 3°. De celle de deux mille cent trente-cinq livres onze sols deux deniers, qui doit être employée dans l'Etat du Roy de l'année 1742, sous le nom de Monsieur le Prince de Condé, & qui lui est dûe au même titre de gages ou intérêts depuis ledit jour 19 Juin 1741, datte de la quittance de remboursement de ladite somme de cent mille livres jusqu'au 2 Janvier 1742, que ledit remboursement a été

réellement fait ; & ce nonobstant la prétention dudit Sieur
Couer, qui soutenoit que lesdits gages ou intérêts devoient être
considérés comme gages intermédiaires , & remis à l'Adjudicataire des Fermes Générales Unies, dont les gages intermédiaires font partie.

Du 7 Aoust 1742.

* Arrest 'du Conseil, qui ordonne que le Droit Domanial de
la Marque des Fers, continuera d'être perçu sur les Fers, Fontes & Aciers qui seront transportés de la Province de Dauphiné dans les lieux de Visan, Valreas & autres endroits de l'Enclave du Haut Comtat, casse un Arrest du Parlement de Gre-
noble ; condamne les nommés Fraichet à payer le Droit de
Marque , & quatre sols pour livre des Aciers qu'ils ont fait
conduire du Dauphiné dans le Comtat Venaissin.

Des 14 Aoust 1742 , & 19 Février 1743.

* Arrests du Conseil ; le premier qui ordonne que l'Arrest
du Conseil du 22 Aoust 1741 , par lequel il est fait deffenses
à toutes personnes, autres que les Brasseurs ordinaires de Bierre, d'en brasser pour autrui , ni de prêter leurs Brasseries &
Chaudieres à cet effet, sera excécuté selon sa forme & teneur ;
confisque au profit du Fermier des Aydes , les Bieres, Chaudieres & Ustenciles qui ont servi à les fabriquer, saisis par les
Commis sur la Veuve Bauchard , Jacques Magnier , Pierre
Magnier, Marc Plomion , & Michel Henne, & les condamne
chacun en quinze cens livres d'amende , appliquable au profit
des Hôpitaux les plus prochains de la Paroisse d'Heudicourt,
& la Veuve Bauchard solidairement avec eux.

Le second, qui , sans avoir égard à l'opposition de la Veuve
Bauchard & Consorts, & à l'intervention & opposition des
Habitans de Bohain, Mouchy & autres lieux, & des Curés de
différentes Paroisses, dont ils sont déboutés ; ordonne que les
Arrests du Conseil des 22 Aoust 1741 , & 14 Aoust 1742, seront exécutés selon leur forme & teneur ; & cependant , par
grace , & sans tirer à conséquence, modere l'amende prononcée contre la Veuve Bauchard à trois cens livres , & celle des

autres Particuliers à cent livres chacun, & condamne les Opposans au coût dudit Arrest du Conseil.

Du 21 Aoust 1742.

Arrest du Conseil, qui commet M. d'Argenson, Intendant de la Généralité de Paris, pour au lieu & place de feu M. de Harlay, & en exécution de l'Arrest du Conseil du 22 Mars 1735, constituer au profit des Dames Religieuses de Ste. Marie de Chaillot, au nom & sur le Domaine du Roi, conformément à l'Edit du mois d'Avril 1667, & à la Déclaration du 22 Septembre 1722, une rente annuelle & perpétuelle de treize livres trois sols six deniers, au principal au denier soixante de sept cens quatre vingt-dix livres six sols trois deniers, pour les indemniser de l'acquisition faite par Sa Majesté d'un Terrain situé au bout du Cours, relevant desdites Dames, & appartenant au sieur Devaux & Consorts, & au sieur Horde, pour y faire des Bâtimens, à l'effet d'y loger les Commis Préposés à la perception des Droits des Fermes au Bureau établi à la Grille du Cours du côté de Chaillot.

Du 22 Aoust 1742.

Arrest Contradictoire de la Cour des Aydes de Paris, qui confirme avec amende & dépens, une Sentence de l'Election de Paris du 7 Septembre 1741, par laquelle le sieur Carré, Marchand de Vin en Gros à Paris, a été condamné en trois cens livres d'amende, & à la confiscation de sept Feuillettes de Vin qu'il a fait arriver au Port de Charenton, à la destination de quatre Particuliers demeurant à Senlis.

Nota. Cet Arrest juge que conformément à l'Arrest & Lettres Patentes des 10 & 31 Octobre 1721, un Marchand en gros ne peut faire la Commission avec la Marchandise, sous prétexte de service d'ami.

Du 27 Aoust 1742.

* Arrest du Conseil, sur la Requeste de Jean Sevestre, chargé de la Régie des Droits de Prudhommes, & Vendeurs de Cuirs

de la Ville & Vicomté de Ponteaudemer & lieux en dépendans , tendante à ce que lefdits Droits foient perçus conformément au Tarif , & Réglement fait par le Parlement de Rouen ,
le 17 Aouft 1657 , & ainfi qu'ils font énoncés dans fes Conclufions ; ordonne que ladite Requefte fera communiquée aux
Bouchers de ladite Ville , & que M. le Procureur Général du
Parlement de Rouen envoyera au Confeil les motifs d'un Arreft
de ladite Cour du 11 Avril 1742 , qui réduit partie defdits
Droits , pour , le tout rapporté , être ftatué ainfi qu'il appartiendra.

Du 28 Aouft 1742.

Arreft du Confeil , qui permet au fieur Toulongeon , Cornette des Chevaux legers de la Garde du Roy , de faire paffer en
Lorraine huit cens mille livres de Fonte provenant de fes Four-
naux du Crochet de la Barbe , fitués en Franche Comté , &
ce en exemption des Droits de fortie , portés par l'Ordonnance
de 1680 , & autres Réglemens , & notamment par l'Arreft du
Confeil du 2 Avril 1701.

Nota. Cet Arreft ne dit point fi l'exemption eft pour huit cens milliers par an.

Du 31 Aouft 1742.

* Sentence de Police , contre les nommés Lucien & Comtois ,
Voituriers des Villages de Quinfi en Brie & de Montreuil fur
Vincennes , qui confifque des Vins corrompus & gâtés , par
eux amenés au Bureau des Aydes à l'Hôtel de Bretonvilliers ,
en contravention aux Statuts & Réglemens rendus en faveur
de la Communauté des Maîtres Vinaigriers de Paris.

Du premier Septembre 1742.

* Arreft de la Cour de Parlement , confirmatif de quatre Sentences de la Chambre de Police du Châtelet , rendues le même jour 27 May 1742 , au fujet des Toiles amenées à Paris par
les Marchands Forains , qui déboute les Jurés en charge de la
Communauté des Tifferands de leur appel ; en confequence les

condamne en l'amende, & en tous les dépens, & ayant égard
à l'intervention des Syndics & Officiers Aulneurs & Visiteurs
de Toiles, fait défenses ausdits Jurés & à leurs Successeurs d'arrêter ni de saisir, sous quelque prétexte que ce soit, aucuns Marchands Forains de Toiles, ni de s'immiscer de faire aucunes
Visites sur toutes les Toiles qu'ils ameneront en la Ville, Faux-
bourgs & Banlieuë de Paris, sous telles peines qu'il appartiendra, & les condamne aux dépens de l'intervention.

Du 4 Septembre 1742.

Arrest Contradictoire du Conseil, qui déboute les sieurs la
Roze, Avocat aux Jurisdictions de S. Lô, & Michel le Bas,
Bourgeois de ladite Ville, de l'appel par eux interjetté de deux
Ordonnances de M. l'Intendant de Caën des 22 & 28 Avril
précédent, qui les ont condamnés chacun en trois cens livres
d'amende, & en la confiscation de trois Vaches trouvées pais-
sant dans des pâturages à eux appartenans, hors ladite Ville,
faute d'en avoir fait déclaration au Bureau du Fermier des
Droits d'Inspecteurs aux Boucheries, pour en assurer les Droits
en cas de vente ou de consommation dans ladite Ville, &
condamne en outre lesdits la Roze & le Bas au coût dudit Arrest
liquidé à soixante-quinze livres.

Du 5 Septembre 1742.

* Sentence du Bureau de la Ville de Paris, qui condamne
Jean-Baptiste Villette, Marchand de Vin, & Marinier au Port
de la Rapée, en cent livres d'amende, pour avoir enlevé qua-
tre-vingt-dix-neuf planches de douze pieds de long, de Marchands Forains, arrivés audit Port, lesquelles devoient être
conduites au Port ordinaire, & pour la provision de cette Ville, qui ordonne qu'elles seront venduës à la premiere exposi-
tion, & les deniers en provenans, distribués aux Pauvres Prisonniers de l'Hôtel de Ville, sur iceux préalablement pris les
frais de vente & les Droits dûs aux Officiers préposés sur ladite
Marchandise; & qui lui fait défenses de récidiver, sous plus
grandes peines.

Du 9 Septembre 1742.

* Arreſt du Conſeil, qui renvoye pardevant M. Feydeau de Marville, Lieutenant Général de Police, toutes les conteſtations nées & à naître dans la Communauté des Maîtres Braſſeurs à Paris, par rapport à l'adminiſtration & conduite des affaires de ladite Communauté, pour être par lui jugées ſouverainement & en dernier reſſort.

Du 11 Septembre 1742.

Arreſt du Conſeil, qui défend pendant une année la ſortie de la Province de Normandie d'aucuns Cidres, même des fruits deſtinés à en faire, à peine de confiſcation & de mille livres d'amende.

Du 11 Septembre 1742.

* Arreſt Contradictoire du Conſeil, qui juge que les Curés doivent les Droits de Subvention, Jauge & Courtage à l'entrée des Boiſſons provenant des parties de Dîmes de leurs Paroiſſes qu'ils tiennent à Ferme des gros Décimateurs, & qu'ils ſeront tenus de faire Déclaration des Boiſſons qu'ils recueilleront dans leſdites Dîmes, tant qu'ils les tiendront à Ferme, à peine de confiſcation & d'amende.

Du 11 Septembre 1742.

Arreſt du Conſeil, ſur un Conflit de Juriſdiction entre le Parlement & la Cour des Aydes de Paris, au ſujet de la vente des meubles du Sieur Rouvelin, Receveur Général de la Ferme du Tabac, dans laquelle le nommé Landoy, Huiſſier de la Ferme, qui la faiſoit, a été troublé par quatre Huiſſiers Priſeurs accompagnés d'un Commiſſaire au Châtelet, qui prétendoient être ſeuls en droit de faire ladite vente, & ſur quoi il a été fait beaucoup de procédures criminelles, tant à la Cour des Aydes qu'au Parlement ; ordonne l'exécution des Articles XXVI. du Titre VIII. de l'Ordonnance des Aydes de 1680,

XVIII.

XVIII. du Titre Commun de l'Ordonnance de 1681, enfemble des Arreft & Lettres Patentes des 30 Octobre & 4 Décembre 1731; ce faifant, & fans s'arrêter aux Arrefts du Parlement des 13 & 20 Aouft 1742; décharge Forceville, Adjudicataire des Fermes Générales Unies, & l'Huiffier Landoy, des Affignations à eux données au Parlement; en confequence, ordonne que l'Arreft de la Cour des Aydes du 17 dudit mois d'Aouft, fera exécuté, & que, fuivant icelui, la procédure extraordinaire commencée en l'Election de Paris à la Requefte defdits Forceville & Landoy, contre les nommés Mirefin, Totin, Gilquin & Hallé, Huiffiers Prifeurs, & le Sieur Rocrolle, Commiffaire au Châtelet, fera continuée jufqu'à Sentence diffinitive inclufivement, fauf l'appel à la Cour des Aydes.

Des 11 Septembre & 13 Novembre 1742.

* Arreft du Confeil, & Lettres Patentes, portant que ceux qui feront arriver des Eaux-de-vie des Pays Etrangers, ou exempts des Droits d'Aydes dans les Provinces qui y font fujetres, en Vaiffeaux au-deffous de foixante pintes, mefure de Paris, foit pour leur provifion ou autrement, en payeront les Droits de Détail au premier Bureau de paffage des lieux où ils ont cours, à peine de confifcation & de cent livres d'amende, à l'exception cependant de celles qui feront deftinées pour les Ville & Election de Paris; la Généralité d'Amiens; les Villes, Faux bourgs & Banlieues de Rouen & Caen, où lefdits Droits font dûs à l'arrivée & aux entrées, conformément aux Lettres Patentes du 24 Aouft 1728. *Regiftrées en la Cour des Aydes de Paris, le 3 Aouft 1743.*

Du 11 Septembre 1742.

Arreft du Confeil, qui évoque une Inftance pendante en l'Election de Paris, entre l'Adjudicataire des Fermes Générales & le Sieur Villiot, Marchand de Bois, au fujet de plufieurs indemnités par lui prétendues pour des Terres à lui appartenantes & employées à la conftruction d'un mur, depuis le Bureau de la Rapée jufqu'à Bercy.

A Y D E S. E

Du 18 Septembre 1742.

Arreſt du Conſeil, qui fixe à cinquante-quatre livres le Droit principal du Marc d'Or des Offices d'Eſſayeurs d'Eau-de-vie & Eſprit de Vin, créés par Edit du mois de Juin 1730, réunis au nombre de quarante, en faveur des Officiers Jaugeurs de Vins, Eaux de-vie, & autres Liqueurs, ſupprimés par Edit du mois de Juin 1741, & le Droit de huitiéme denier aux mutations, à raiſon de huit cens livres, ſur le pied du vingt-cinquiéme de la Finance, conformément à l'Edit de 1730, & à l'Arreſt du Conſeil du 13 Janvier 1733.

Du 18 Septembre 1742.

* Sentence du Bureau de la Ville, qui condamne Jean Montagne, Marchand de Bois, en cinq cens livres d'amende, pour avoir fait deſcendre du Port de la Rapée à celui de la Tournelle, deux Batteaux chargés de Bois à brûler, quoiqu'il ne ſoit pas permis à chaque Marchand d'avoir audit Port de la Tournelle plus d'un Batteau à la fois, & n'avoir fait aucune déclaration au Bureau des Officiers-Metteurs à Port, & qui lui fait défenſes de récidiver ſous plus grandes peines.

Des 25 Septembre 1742, & 15 Mars 1743.

* Arreſt du Conſeil, & Lettres Patentes, *regiſtrées en la Cour des Aydes de Rouen, les 23 & 30 Avril* 1743, pour l'exécution de celles du premier Juin 1719, ſur l'Arreſt du 14 Mars précédent, qui autoriſent le Fermier des Aydes à prendre les Boiſſons ſur le pied des déclarations des Cabaretiers, quoique les piéces ſoient miſes en vente, & ſoient en vuidange, en payant le prix porté par la Déclaration, à la déduction des Droits de Quatriéme, & autres dûs au détail ; en conſequence, caſſe un Arreſt de ladite Cour du 23 Février 1742, pour avoir infirmé une Sentence de l'Election de Conches, du 18 Mars 1741, qui avoit condamné le nommé Ambroiſe Michel, Cabaretier à Damville, à délivrer ſon Vin au

Fermier, pour le prix de quatorze fols le pot, s'il n'aimoit mieux le vendre & débiter, à raifon de feize fols le pot, & condamne ledit Michel aux dépens.

Du 25 Septembre 1742.

* Déclaration du Roy, qui prononce des peines corporelles & afflictives contre les Commis & Employés dans les Poftes, qui feront convaincus de prévarications. *Regiftrée au Parlement & en la Cour des Aydes les 11 Octobre & 14 Décembre fuivans.*

Du 25 Septembre 1742.

* Ordonnance du Roy, qui fait défenfes à toutes fortes de perfonnes d'introduire dans la Ville de Paris, par des voyes fubreptices, aucuns Libelles & Imprimés, fous les peines portées par les Réglemens rendus pour l'entrée des Livres. De faire aucuns étalages de Livres, & d'avoir des Boutiques portatives fur les Ponts, Quays & autres lieux de la Ville de Paris, à peine de confifcation, de mille livres d'amende, & de punition exemplaire, fi le cas y échoit.

Du 25 Septembre 1742.

* Arreft du Confeil, qui en caffe un de la Cour des Aydes de Rouen, du 17 Juillet 1742, pour avoir admis le nommé Goffelin à la preuve d'un moyen de faux contre un Procès-verbal des Commis des Aydes de Vire, le déboute de l'infcription de faux par lui formée, & le condamne folidairement avec le nommé Thomas, Cabaretier, à la confifcation des chofes faifies par ledit Procès-verbal, à l'amende de cinq cens livres, pour fraude d'Entrepoft, & aux frais faits tant à l'Election, qu'à la Cour des Aydes. Avec l'Arreft de la Cour des Aydes de Rouen, ci-deffus énoncé.

Nota. Goffelin avoit fourni quatre Moyens de Faux qui avoient été admis à l'Election; la Cour avoit rejetté comme impertinens les trois derniers, & avoit admis Goffelin à la preuve du premier feulement, que l'Arreft ci-deffus a jugé, comme les trois autres, inadmiffibles.

Du 25 Septembre 1742.

* Arrest du Conseil, qui casse un Arrest de la Cour des Aydes de Rouen, du 23 Février 1742, par lequel la Cour, en infirmant toutes les dispositions de la Sentence des Elûs de Conches, du 18 May 1741, & condamnant le Fermier aux dépens, avoit jugé que le Fermier des Aydes ne pouvoit prendre à son profit les Boissons d'un Cabaretier pour le prix qu'il avoit déclaré & signifié les vendre en détail, sous prétexte- 1°. Que l'option du Fermier n'avoit été faite que neuf jours après la signification du Cabaretier, & qu'elle auroit dû être faite incontinent après sa déclaration, conformément à l'Article IV. du Titre 6 de l'Ordonnance de 1680 de la Vente en gros. 2°. Que l'option du Fermier avoit été signifiée par un Huissier assisté d'un Recors, & qu'aux termes de l'Article V. du susdit Titre de l'Ordonnance, l'Acte d'option devoit être signé du Fermier ou de son Commis.

Ordonne que l'Arrest du Conseil & les Lettres Patentes des 14 Mars & premier Juin 1719, seront exécutés ; en conséquence, qu'Ambroise Michel, Cabaretier à Damville, sera tenu de délivrer au Fermier des Aydes, ses Commis & Préposés le Vin mentionné en sa déclaration sur le pied de quatorze sols le pot, les Droits de détail préalablement déduits, & à défaut par ledit Michel de représenter le Vin en nature, qu'il sera tenu d'en payer la valeur sur le pied de l'estimation faite par le Procès-verbal de l'Huissier ; condamne ledit Michel en tous les dépens, tant des causes principale que d'appel, & à la restitution des sommes que le Fermier auroit pû être contraint de payer, en exécution dudit Arrest de la Cour,

F I N.

TABLE

DES

EDITS, DECLARATIONS, ARRESTS ET REGLEMENS,

Rendus pendant la quatriéme année du Bail de Mᵉ. JACQUES FORCEVILLE.

Commencée le premier Octobre 1741. & finie le dernier Septembre 1742.

CONCERNANT LES DOMAINES DE FRANCE, Controlle des Actes des Notaires, Petits-Scels, Infinuations Laïques, Centiéme Denier, Controlle des Exploits, Greffes, Amortiſſemens, Francs-Fiefs & Nouveaux Acquêts ; & Droits réſervés dans les Cours & Jurifdictions, par les Edits des mois d'Aouſt 1716. Janvier & Novembre 1717. & rétablis par la Déclaration du 15 Mai 1722.

A PARIS,

Chez PIERRE PRAULT, Imprimeur des Fermes & Droits du Roy, Quay de Gêvres, au Paradis.

M. DCC. LXVIII.

TABLE

DES

EDITS, DECLARATIONS,

ARRESTS ET REGLEMENS,

Rendus pendant la quatriéme Année du Bail de M^e. JACQUES FORCEVILLE.

Commencée le premier Octobre 1741, & finie le dernier Septembre 1742.

CONCERNANT les Domaines de France, Controlle des Actes des Notaires, Petits-Scels, Insinuations Laïques, Centiéme Denier, Controlle des Exploits, Greffes, Amortissemens, Francs Fiefs & nouveaux Acquêts ; & Droits reservés dans les Cours & Jurisdictions, par les Edits des mois d'Aoust 1716, Janvier & Novembre 1717, & rétablis par la Déclaration du 15 Mai 1722.

Du mois d'Octobre 1741.

EDIT du Roy, portant réunion des Vicomtés de Caen & d'Evrecy, & Assise d'Evrecy, au Bailliage & Siége Présidial de Caen, suppression des Offices créés dans lesdites Vicomtés & Assise, & réunion audit Bailliage & Présidial de plusieurs desdits Offices des Vicomtés & Assise, & entre autres ceux de Commissaires Enquêteurs,

DOMAINES.						A

Examinateurs, Receveurs des Confignations, Commiffaires aux faifies réelles, Greffiers, Procureurs & Huiffiers , &c. contenant dix-fept Articles. *Regiftré au Parlement de Rouen , le 19 Janvier 1742.*

Du 3 Octobre 1741.

* Arreft du Confeil, qui condamne le Sieur Simon Fort; Exempt de la Maréchauffée de la Ville de Metz , & Habitant de ladite Ville , à payer le Droit de Franc-Fief de la Terre & Seigneurie d'Exieulle ; & déboute les Maire, Echevins & Gens des Trois Ordres de ladite Ville , de leur intervention, pour foutenir leurs prétendus priviléges.

Du 17 Octobre 1741.

* Arreft du Confeil, qui maintient le Sieur Courtomer, en qualité d'Engagifte, dans la poffeffion du Droit de Péage en la Ville & Fort de Meulan, Généralité de Paris, fuivant le Tarif y énoncé , & aux charges & conditions y portées , fans qu'il puiffe être perçu aucun Droit fur les Bleds, Grains, Farines & Légumes verds & fecs.

Du 23 Octobre 1741.

* Sentence de Police , rendue par M. le Prevoft du Perreux ; qui fait défenfes aux Habitans de la Paroiffe de Nogent-fur-Marne, & à tous autres de faire pâturer ni paître aucuns Beftiaux dans les Prés & Terres de la Seigneurie du Perreux appartenant à Madame de Beryer de la Ferriere , Veuve du Sieur Defchiens de Reffons , Commandeur de l'Ordre de S. Louis, Brigadier des Armées du Roi, Lieutenant Général de l'Artillerie de France , & Lieutenant de Roy de la Province du Maine, à peine de vingt livres d'amende, & de tous dépens , dommages & intérêts ; & en cas de contravention , permet au Procureur Fifcal de ladite Seigneurie de faire faifir , arrêter , & mettre en Fouriere les Beftiaux en délit, aux dépens des Contrevenans , &c.

Du 24 Octobre 1741.

Arrest du Conseil, qui fait défenses à tous les Sujets de Sa Majesté, domiciliés dans la Généralité de Châlons, & autres limitrophes du Clermontois, à & tous autres, d'y aller ou envoyer leurs procurations pour passer des Actes entr'eux pour causes de choses mobiliaires ou de biens réels situés dans les Provinces & Généralités du Royaume où le Controlle est établi, à peine de nullité desdits Actes, & de trois cens livres d'amende pour chacune contravention, fors & à l'exception du seul cas où l'une des Parties contractantes se trouveroit domiciliée & actuellement dans le Clermontois lors de la passation de l'Acte qui y seroit fait avec un Domicilié des Provinces & Généralités où le Controlle est établi, ou avec le Porteur de sa procuration.

Décharge par grace, & sans tirer à conséquence, les dénommés aux trois Procès-verbaux des 26 Juin, & 18 Juillet précédent, de l'amende par eux encourue.

Et ordonne qu'ils rapporteront aux Bureaux du Fermier établis dans les lieux de leur domicile, dans quinzaine du jour de la signification qui leur sera faite dudit Arrest, les Originaux & Expéditions des Actes mentionnés ausdits Procès-verbaux, & qu'ils en percevront les Droits par forme de restitution; & accorde à tous les Domiciliés dans la Généralité de Châlons, & autres limitrophes du Clermontois, un délai de trois mois, pour representer aux Bureaux du Fermier les Originaux & Expéditions des Actes qu'ils ont passé entr'eux devant les Notaires du Clermontois, pour être les Droits resultans desdits Actes, pendant ledit délai, payés aux Bureaux du Fermier de la situation du Domicile des Parties, moyennant quoi lesdits Actes auront la même force & effet que s'ils étoient passés en Pays où le Controlle est établi, & controllés dans les délais, Sa Majesté les déchargeant de la peine de nullité; & faute par lesdits Particuliers de profiter dudit délai, & icelui passé, lesdits Actes demeureront nuls & de nul effet, & les Particuliers qui les auront passé, pourront être poursuivis pour le payement des amendes prononcées par les Réglemens.

A ij

Du 31 Octobre 1741.

* Arreſt du Conſeil, qui maintient les Prieure & Religieuſes de Variville dans le Droit de Péage ſur le Pont de Harmes, Généralité de Paris, pour être perçû ſuivant le Tarif y inſéré.

Du 7 Novembre 1741.

* Arreſt du Conſeil, qui permet à la Dame Comteſſe de Flogny de continuer à tenir un Banc ſur la Riviere d'Armenſon, dans la Seigneurie de Flogny, Généralité de Paris, & de percevoir les Droits y énoncés.

Du 14 Novembre 1741.

* Arreſt du Conſeil, qui ordonne que les Déclarations, les Rolles arrêtés en conſequence, les Quittances, Exploits & autres actes de procédures qui ſe feront pour l'Impoſition & Recouvrement du Dixiéme, pourront être faits ſur papier ordinaire & non timbré & décharge du Controlle des Exploits les Significations qui feront faites en conſequence.

Du 15 Novembre 1741.

Déciſion du Conſeil, qui du conſentement du Fermier réduit le Droit d'Amortiſſement au prorata de ce qu'il faut pour acquitter les Meſſes fondées par Madame de Villetanneuſe dans l'Hôpital de S. Nicolas de Pontoiſe ſur le pied de la réduction des Meſſes, en rapportant, par les Religieuſes dudit Hôpital, la preuve de cette réduction.

Du 21 Novembre 1741.

* Arreſt du Conſeil, par lequel Sa Majeſté fait très-expreſſes défenſes à tous Greffiers des Domaines, des Gens de Mainmorte, & à tous autres, d'enregiſtrer ou inſinuer, ſous quelque prétexte que ce ſoit, aucun Bail des Revenus des Biens des

Gens de Main-morte, qu'il n'ait été passé pardevant Notaires; & ce en exécution, & sous les peines portées par les Réglemens des 19 Mars 1696, Aoust 1706, 20 Mars 1708, 4 Avril 1719, & 26 Décembre 1727, ensemble des Edits de Décembre 1691, & Décisions du Conseil des 24 Février 1731, & 11 Aoust 1733.

Du 28 Novembre 1741.

Arrest du Conseil, qui liquide à la somme de quarante mille deux cens quarante-deux livres cinq sols, les indemnités dûes aux Sieurs Mollin & la Cauche, Fermiers des Domaines de la Vicomté de Turenne, & dépendances acquises par le Roy de M. le Duc de Bouillon, tant à cause de leur non-jouissance depuis le premier Avril 1740 jusqu'au dernier Décembre 1744, des Terres vendues à M. le Duc de Noailles & à M. le Duc d'Ayen, que pour raison de leur non-jouissance depuis le premier Juillet 1740 jusqu'au dernier Décembre 1744, des Terres & Seigneuries vendues aux Sieur & Dame de Fenelon, dépendantes de ladite Vicomté; de laquelle somme de quarante mille deux cens quarante deux livres cinq sols, il sera tenu compte ausdits Sieurs Mollin & la Cauche, sur le prix de leur Bail, si mieux ils n'aiment que lesdites indemnités soient payées sur le pied des Sous-Baux existans lors des Ventes ci-dessus énoncées, & qu'il leur soit tenu compte en outre des Droits Seigneuriaux échûs depuis lesdites Ventes, & qui échoiront jusqu'à la fin de leur Bail, à la remise du quart; ce qu'ils seront tenus d'opter dans quinzaine.

Des mois de Décembre 1741, & 22 Mars 1742.

* Edit du Roy & Déclaration, portant réunion du Bailliage de Pontautout & des Vicomtés de Pontaudemer, du Pontautout, de Monfort & du Boucachard, au Bailliage de Ponteaudemer; suppression de plusieurs Offices dans lesdits Bailliage & Vicomtés, & réunion d'autres au Bailliage du Ponteaudemer, & entr'autres des Offices de Receveurs des Consignations, Commissaires aux saisies réelles, Greffiers, Procureurs & Huissiers, &c. Contenant treize Articles. Regiſtré au Parlement de Rouen, les 19 Janvier & 24 Avril 1742.

Du 5 Décembre 1741.

* Arreſt du Conſeil, qui ordonne l'exécution de celui du 26
Février 1732, ſervant de Réglement pour la Police & conſervation des Eaux de la Riviere de Bievre, dite des Gobelins,
& en conſequence que tout ce qui ſera fait & ordonné par le
Grand Maître des Eaux & Foreſts du Département de Paris,
pour raiſon de ce ſera exécuté par proviſion, ſauf l'appel au
Conſeil ; permet aux Syndics des Intéreſſés à la conſervation
des Eaux de ladite Riviere d'arrêter un Rolle de repartition des
ſommes dües par les Intéreſſés pour raiſon des Gages des deux
Sergens - Gardes de ladite Riviere, le payement de l'Entrepreneur pour l'enlevement des immondices, & les frais légiti-
mement faits par leſdits Intéreſſés ſera rendu exécutoire par ledit Sieur Grand Maître, & que les Parties ne ſeront reçûes
appellantes au Conſeil, qu'en juſtifiant de la quittance du payement par elles fait des ſommes pour leſquelles elles auront
été compriſes dans ledit Rolle.

Du 12 Décembre 1741.

Déciſion du Conſeil, qui liquide à la ſomme de douze cens
livres, y compris les deux ſols pour livre, les Droits d'Amortiſſemens de quatre Fondations faites en faveur de la Fabrique
de la Paroiſſe de S. Hipolite à Paris, montantes enſemble à
treize mille quatre cens livres, à condition que la Fabrique
ſe déſiſtera de la demande par elle formée en reſtitution d'une
ſomme à elle léguée pour une Cloche, & que le Fermier don-
nera une décharge des Droits, pour raiſon des deniers provenant de la Donation faite, & qui auront été Employés pour les
Bâtimens.

Du 19 Décembre 1741.

* Arreſt du Conſeil, qui caſſe & annulle un Jugement de
la Table de Marbre de Rouen, qui avoit infirmé une Sentence de la Maîtriſe d'Argentan, & interdit le Lieutenant de
la Maîtriſe, ſous prétexte qu'il l'avoit rendue ſur un Rapport du

Garde non signifié, & sur assignation verbale ; de laquelle interdiction Sa Majesté releve ce Lieutenant, & le décharge du Veniat porté audit Jugement.

Du 24 Décembre 1741.

* Arrest du Conseil, qui permet aux Fermiers des Carosses & Messageries de toutes les Provinces du Royaume, tant en droiture que de traverse, à l'exception des Coches d'Eau de Paris à Auxerre, de continuer à percevoir pendant six mois le quart-en-sus d'augmentation du prix des Voitures, tant de la conduite des Voyageurs & Prisonniers à la charge de Sa Majesté ou d'autres, que du transport des Ballots, Paquets, Marchandises, Or & Argent, Papiers, Procès Civils & Criminels, & autres choses qui seront transportées par la voye desdits Coches & Carosses, & ce à commencer du jour de l'échéance de la permission accordée ausdits Fermiers par l'Arrest du 20 Décembre 1740.

Du 26 Décembre 1741.

* Arrest du Conseil, qui fait défenses aux Juges de la Duché & Pairie de Saint Aignan, de permettre la coupe d'aucunes Futayes, Balliveaux sur Taillis, ou Arbres épars, à quelques personnes, & sous quelque prétexte que ce soit, à peine d'amende arbitraire, & de tous dépens, dommages & intérêts.

Du 26 Décembre 1741.

* Arrest Contradictoire du Conseil, par lequel il a été jugé qu'après l'adjudication définitive d'un Domaine, faite sur un doublement, mais par défaut sur le précédent Adjudicataire; ce précédent adjudicataire a été recevable à faire rabattre dans la même séance ladite adjudication par défaut, en la couvrant par une enchere; en conséquence, déboute l'Adjudicataire par défaut de sa demande, à ce que, sans avoir égard à la nouvelle enchere, ladite adjudication par défaut demeurât définitive, & ordonne qu'il sera passé outre à l'adjudication définitive sur la nouvelle enchere ou offre.

Du 2 Janvier 1742.

Arrest Contradictoire du Conseil, par lequel, sans avoir égard aux demandes en indemnité prétenlue par Etienne Joly & ses Caurions, Sous-Fermiers des Domaines & Droits y joints des Généralités de Tours, Bourges, Moulins & Riom, pour les non-jouissances occasionnées par les décharges ou modérations de Droits d'Amortissemens & Francs-Fiefs accordés par l'Arrest du Conseil du 21 Janvier 1738; ordonne l'exécution du Bail dudit Joly, & en conséquence, qu'il en payera le prix, à quoi faire contraint nonobstant l'effet retroactif donné audit Arrest du 21 Janvier 1738.

Du 8 Janvier 1742.

* Jugement des Commissaires établis pour la vérification des Droits Maritimes, portant défenses aux Abbé, Prieur & Religieux de S. Jam, Evêché de Dol, de s'attribuer aucune préférence sur les Poissons des pêches faites en Mer; supprime douze Pêcheries construites dans les Rivieres d'Arguenon & de Lancieux, une Redevance de deux Rayes par an sur chaque Bateau Pécheur, & un Droit de soixante sols d'amende; réunit au Domaine du Roy les Droits de Bris, Naufrages & aventures de Mer par eux prétendus tant en la Riviere d'Arguenon qu'ailleurs; les maintient dans la jouissance du Droit des Poissons Royaux pris ou péchés sur les Gréves de leurs Fiefs, dans une redevance de sept livres, monnoye qualifiée Dime de Poisson & dans le Droit de deux Parcs de Pierre, & Réglement pour la Pêche, Parcs, & Pêcheries de l'Amirauté de S. Malo.

Du 9 Janvier 1742.

Arrest du Conseil, qui par grace & sans tirer à conséquence, accorde aux Sieurs Jean-baptiste Molin & Anne-Louis la Cauche, Fermiers de la Vicomté de Turenne, & dépendances acquises par le Roy, dont Bail leur avoit été fait par M. le Duc de Bouillon, une diminution ou remise de la somme de six mille

livres,

livres, de laquelle somme il leur sera tenu compte par Jac-
quos Forceville, Adjudicataire des Fermes Générales-Unies,
auquel il en sera aussi tenu compte sur le prix de son Bail.

Du 16 Janvier 1742.

Arrest du Conseil, pour faire remettre au Tresor Royal,
par Nicolas Desboves, Adjudicataire des Fermes Générales - Unies, outre & par dessus le prix de son Bail, une somme de cent soixante-six mille quatre cens quarante-neuf livres
neuf sols onze deniers, sçavoir, cent trente-un mille huit cens
soixante-douze livres neuf sols onze deniers, pour le reliquat du
compte de la Duché-Pairie de Châteauroux acquise par le Roy,
& trente-quatre mille cinq cens soixante-dix-sept livres pour
le reliquat du compte de la Vicomté de Turenne aussi acquise
par le Roy, de laquelle somme de cent soixante-six mille quatre
cens quarante-neuf livres neuf sols onze deniers, ledit Desboves
fera recette dans l'état au vrai & compte tant au Conseil qu'à
la Chambre des Comptes de Paris, du prix de la sixiéme & derniere année de son Bail.

Du 17 Janvier 1742.

* Arrest Contradictoire du Parlement, en forme de Réglement, pour assurer les Droits de Minage dans la Ville de Châlons sur Marne, entre Charles Desert, Claude Sabé & Jean-
Baptiste Bailly, Marchands de Bled & autres Grains de ladite
Ville, d'une part, Jean Terillon, Adjudicataire de la Ferme
des Deniers Patrimoniaux & Droits de Minage en dépendans,
les Officiers Municipaux de la même Ville, Pierre Varoquier,
Marchand de Grains demeurant à Sainte Menehoult, & Je-
rôme Moignon, Marchand-Voiturier par eau, demeurant à
Châlons, d'autre part, qui ordonne que les Marchands de
Grains demeurans dans la Ville de Châlons, ne pourront en
acheter pour la Ville de Paris, & autres grandes Villes du
Royaume, qu'au-de-là de la Banlieue de ladite Ville de Châlons ; que lors desdits achats ils rapporteront un marché par
écrit, contenant la quantité desdits Grains, le lieu ou ils les

auront achetés, & celui de leur deftination, lefquels marchés feront vifés fans frais par le plus ancien Gouverneur, & en fon abfence ou empêchement, par le plus ancien Officier Municipal, lors de l'entrée des Grains dans la Ville, & que lefdits Marchands, dont les marchés auront été vifés, feront tenus de rapporter dans le cours de l'année, à compter du jour du vifa, la preuve que les Grains contenus aux marchés auront été vendus dans le lieu de leur deftination, fçavoir, pour ceux vendus dans Paris, par une extrait en bonne forme du Regiftre des Mefureurs de Grains de ladite Ville, & pour ceux vendus dans les autres Villes, par un certificat du Juge des lieux ; & faute par lefdits Marchands de rapporter lefdits certificats, ils feront tenus de payer le Droit de Minage defdits Grains, & condamnés en telle amende qu'il appartiendra, fuivant l'exigence des cas.

Du 23 Janvier 1742.

* Arreft du Confeil, qui régle le pied fur lequel feront taxés les falaires des Témoins, Medecins, Chirurgiens & autres qui feront entendus, & dont le miniftere fera néceffaire dans les procédures, qui feront inftruites aux frais de Sa Majefté.

Du 23 Janvier 1742.

* Arreft du Confeil, qui ordonne aux Maire, Confuls, Echevins, Notables, Syndics & Treforiers des Villes, Bourgs, Villages & Paroiffes fituées dans l'étendue de deux lieues des Forefts de Sa Majefté, de chaffer les Particuliers condamnés à l'amende pour délits commis dans les Forefts, à peine contr'eux, & contre ceux qui les retireront, de trois cens livres d'amende, & de demeurer refponfables du montant des condamnations.

Du 23 Janvier 1742.

* Arreft du Confeil, qui confirme l'Ordonnance de M. Chauvelin, Intendant de la Généralité d'Amiens du 10 Novembre 1735, par laquelle il avoit condamné la Veuve le Nain à payer le Droit de Franc-Fief de quarante journaux de terre faifant

partie des Francs-Fiefs, appellés la Mairie, la Maifon brûlée, & Maurepas, mouvans de la Seigneurie d'Authye, poffedée par M. le Marquis de Fontenelles, auquel elle avoit vendu la féodalité defdits trois Fiefs, moyennant fix cens livres, à condition de poffeder roturierement lefdits quarante journaux de terre, fous la redevance d'un fol de Cens annuel par journal.

Du 23 Janvier 1742.

* Arreft du Confeil, qui ordonne, fans s'arrêter à la Requefte des Habitans des Comtés de Caftres & Portets, tendante à l'exemption des Droits de Francs-Fiefs, dont Sa Majefté les a débourés; que lefdits Habitans feront tenus de payer à Nicolas Lambelinot, Sous-Fermier actuel des Domaines & Droits y joints de la Généralité de Bordeaux, fes Procureurs, Commis & Prépofés, les Droits de Francs-Fiefs des Biens qu'ils poffedent, à raifon d'une année du revenu, pour vingt années de jouiffance, à compter du jour de leur poffeffion, ou de l'expiration d'affranchiffement.

Du 23 Janvier 1742.

Arreft du Confeil, portant que Nicolas Desboves, Adjudicataire des Fermes Générales-Unies, remettra au Trefor Royal une fomme de cent quatre-vingt-quatre mille fix cens quatre-vingt-neuf livres quatorze fols fept deniers, provenant du produit des loyers & fermages des Domaines réunis & des rentes par fur-encheres, payées en exécution de l'Arreft du Confeil du 13 May 1724; de laquelle fomme de cent quatre-vingt-quatre mille fix cens quatre-vingt-neuf livres quatorze fept deniers, il fe chargera en recette outre & par-deffus le prix de fon Bail dans le compte de la fixiéme & derniere année d'icelui.

Du 27 Janvier 1742.

Décifion du Confeil, qui du confentement du Fermier, décharge des Droits d'Amortiffemens les Religieufes de la Miféricorde de Jefus, Chanoineffes Hofpitalieres de S. Auguftin,

ſous le titre de Ste. Baziliſſe, grande rue Mouſetard, Faux-
bourg S. Marcel, pour raiſon d'une Maiſon qu'elles ont fait
reconſtruire rue Trouſſevache, attendu qu'elles n'ont point de
Manſe diſtincte & ſeparée de celle des Pauvres.

Du 28 Janvier 1742.

* Jugement des Commiſſaires pour la vérification des Droits
Maritimes, qui ſupprime les Droits de Pêche excluſive, de
Capte, de Pinaſſage & de Concage, prétendus par le Sieur de
Ruat, dans les Ports, & le long des Côtes du Captalat de
Buch ; ordonne que la Pêche de la Mer demeurera libre aux
Pêcheurs, les décharge de toutes rentes & redevances, que le-
dit Sieur de Ruat pouvoit prétendre pour raiſon de la Pêche ;
& réunit au Domaine du Roy les Droits d'ancrage & de bali-
ſage ſur les Navires, Barques & Batteaux entrans dans les Ports
du Captalat.

Des 29 Janvier & 6 Mars 1742.

* Arreſts du Parlement de Paris, rendus à l'occaſion des biens
& effets de la ſucceſſion de la Dame Barbara de Lennard, Veuve
du Sieur Skelton, échus & adjugés au Roy par Droit de des-
hérence ou autrement, qui convertiſſent en oppoſition une ſaiſie
réelle deſdits biens, & ordonne que la vente en ſera faite à la
pourſuite & diligence du Receveur Général des Domaines &
Bois de Paris en la maniere accoutumée ſur trois publications.

Du 31 Janvier 1742.

* Arreſt de la Chambre des Comptes, qui ordonne l'exécution des Déclarations du Roy des 26 Avril 1738, 21 Décembre 1739, & 14 Mars 1741, concernant la repreſentation des
Titres en la Chambre des Comptes. Avec le Tarif des Droits
qui ſeront payés à l'avenir pour les frais de repréſentation deſdits Titres, pour être rétablis dans les Regiſtres, & Dépôts de
la Chambre, altérés par l'incendie arrivé le 27 Octobre 1737.

Du 5 Février 1742.

* Ordonnance de M. l'Intendant de la Généralité de Rouen, servant de Réglement pour assurer au Roy les Droits d'Echanges dans l'étendue des Fiefs & Seigneuries des Seigneurs qui n'ont point acquis lesdits Droits.

Du 12 Février 1742.

* Sentence du Bailliage & Capitainerie de la Varenne des Thuilleries, qui condamne François Bienfait, Pêcheur demeurant au Pont de Neüilly, en trente livres d'amende, pour avoir par deux fois differentes passé dans son Batteau des Chasseurs dans les Isles de Neüilly, sans avoir averti les Gardes-Chasses.

Du 13 Février 1742.

Arrest Contradictoire du Conseil , rendu sur le Mémoire ou Dire de l'un des Inspecteurs Généraux du Domaine , qui déboute le Sieur Pierre-Louis-Robert Louvel de Repainville, Conseiller, Maître ordinaire en la Cour des Comptes, Aydes & Finances de Normandie séante à Rouen, dont le Pere a possedé pendant plus de vingt années l'Office de Controlleur Général des Restes de ladite Chambre, des fins de sa Requeste , tendante à ce que l'exercice de seu son Pere lui tienne lieu d'un premier dégré de Service & de Noblesse , conformément aux Edits, Déclarations, Lettres Patentes, & Arrests du Conseil, portant que les Controlleurs Généraux des Restes sont du Corps des Chambres des Comptes où ils sont établis.

Du 13 Février 1742.

* Arrest du Conseil , qui ordonne que les Administrateurs du Séminaire des Trente-trois, payeront à Charles Barbier, Sous-Fermier des Domaines & Droits y joints de la Ville & Généralité de Paris , la somme de cinq cens livres pour le Droit d'Amortissement de la somme de trois mille livres , léguée audit

Seminaire, pour la fondation d'une Meſſe à perpétuité, ſaire par le Sieur Danes, le 8 Décembre 1734, enſemble les deux ſols pour livre, & le coût du preſent Arreſt ; à quoi ils ſeront contraints comme pour les deniers & affaires de Sa Majeſté.

Du 15 Février 1742.

* Jugement rendu par les Commiſſaires établis pour la vérification des Droits Maritimes, qui fixe le Droit de Tolleau, appartenant aux Sieurs de Catuelan, ſur le Poiſſon amené par Batteaux au Port de la Ville de Lannion dépendant de l'Amirauté de Morlaix.

Du 19 Février 1742.

* Arreſt du Conſeil, qui maintient M. l'Intendant de la Province d'Alſace dans le Droit de connoître de toutes les matieres concernant l'adminiſtration & la Police des Bois & Iſles du Domaine, des Villes & Communautés de ladite Province, & de régler & fixer le bois de chauffage des Magiſtrats, Bourgeois & Habitans ; caſſe pluſieurs Sentences du Conſeil Supérieur de Colmar, pour entrepriſe de Juriſdiction ſur leſdites Foreſts, Bois & Iſles, & deffend aux Parties, qui les ont obtenues de s'en ſervir, à peine de nullité, &c.

Du 20 Février 1742.

* Arreſt Contradictoire du Conſeil, entre les Officiers de l'Election de Paris ;

La Veuve du Sieur Roger, Receveur des Aydes à l'Hôtel de Bretonvilliers ;

Le Procureur du Roi, ⎫
Les Notaires, ⎬ au Châtelet de Paris, Intervenans ;
Et les Commiſſaires, ⎭

Au ſujet du Scellé appoſé, après le décès dudit Sieur Roger, par les Officiers de l'Election de Paris, à la Requeſte de Jacques Forceville, Adjudicataire des Fermes Générales ; ledit Scellé croiſé à la Requeſte de la Veuve dudit Sieur Roger, par le Sieur Sautel, Commiſſaire du Châtelet :

Qui ordonne que les Officiers de l'Election de Paris feront tenus de reconnoître, lever & ôter les Scellés par eux appofés, & réappofés à la Requefte de l'Adjudicataire des Fermes Générales ; finon que lefdits Scellés feront brifés & ôtés par ledit Sieur Sautel, Commiffaire, qui réappofera les fiens partout où befoin fera, pour être par lui reconnus, levés & ôtés, & être par les Officiers du Châtelet procédé par continuation à la defcription & inventaire par eux commencés ; fait défenfes aux Officiers de l'Election de les y troubler, à peine de tous dépens, dommages & intérêts ; ordonne en outre que ledit Commiffaire Sautel & Me. Collard, Procureur au Châtelet de Paris , demeureront déchargés du Décret d'affigné pour être oüis, prononcé contre eux par l'Arreft de la Cour des Aydes du 18 Décembre 1741, lequel Décret Sa Majefté déclare nul & de nul effet.

Nota. Cet Arreft eft fondé fur la mainlevée donnée par l'Adjudicataire des Fermes Générales, de l'appofition du Scellé faite à fa Requête par les Officiers de l'Election de Paris, & qu'il a confenti qu'il demeure nul & fans effet, fans préjudice de fes droits contre la fucceffion dudit Sieur Roger & fes Cautions, & fur ce que la Veuve dudit Sieur Roger a juftifié des mainlevées des oppofitions faites audit Scellé.

Du 20 Février 1742.

* Arreft du Confeil, qui fait défenfes au Gruyer de Mangienne, & à tous autres Juges de Seigneurs tant Eccléfiaftiques que Laïques, de prendre connoiffance des ufages, délits, abus & malverfations qui fe commettent fur les Eaux & Forefts des Prélats & autres Eccléfiaftiques, Chapitres & Communautés Régulieres, Séculieres & Laïques du Royaume, & de troubler les Officiers des Maîtrifes dans leur Jurifdiction, telle qu'elle leur eft attribuée par l'Ordonnance de 1669, & les Déclarations du Roy des 8 Janvier 1715, & 9 Aouft 1723, à peine de mille livres d'amende, & de tous dépens, dommages & intérêts.

Du 21 Février 1742.

Arreft du Parlement de Metz, qui caffe & annulle plufieurs Jugemens & Décrets du Confeil de Luxembourg, comme attentatoires aux Droits de la Couronne, au Droit des Gens, à la neutralité, à la liberté publique, & à la protection accordée par les Rois de France à l'Abbaye de S. Hubert en Ardennes; défend aux Habitans de S. Hubert & Terres neutres , & notamment à ceux de Bertrix, Cugnon, Chafpierre, Muneau, Sainte Cecile, Oby , Morthuan, & autres, le long du chemin neuf, de reconnoître le Conseil de Luxembourg, ni l'autorité de la Reine d'Hongrie en fa qualité de Souveraine de Luxembourg, ni d'y obéir, à peine d'être pourfuivis extraordinairement & par corps; deffend pareillement à tous Huiffiers, Sergens, & à tous autres généralement queiconques , de fignifier ni s'immifcer dans l'exécution defdits Jugemens & Décrets.

Du 28 Février 1742.

* Jugement des Commiffaires établis pour la vérification des Droits Maritimes , qui fupprime un Droit d'Ancrage prétendu par la Communauté de la Ville de Blaye, fur chaque Barque ou Bâtiment qui ancre au large , & qui vient échouer à Terre dans l'Amirauté de Bordeaux.

Du 28 Février 1742.

* Jugement des Commiffaires établis pour la vérification des Droits Maritimes, qui fupprime un Droit de trois pots & demi de Vin , prétendu par les Religieux Auguftins de la Communauté de Porchou de la Ville de Lanion en Bretagne fur chaque Vaiffeau & Bâtiment qui décharge au Port de ladite Ville.

Du 28 Février 1742.

Décifion du Conseil , qui juge contre la Fabrique de l'Eglife S. Jacques & S. Philippe du Roule , Faux-bourg de Paris, que le Droit d'Amortiffement est dû pour une fondation de quatre cens livres de principal, faite à ladite Fabrique , & dont la rente a été acquittée pendant plufieurs années à raifon de vingt livres par an, quoique depuis il ait été donné une rente de vingt-cinq livres fur l'Hôtel de Ville pour acquitter ladite fondation.

Du

Du 6 Mars 1742.

* Arreſt du Conſeil, qui confirme au Pieuré de S. Himer en Auge, Diocèſe de Liſieux, la poſſeſſion & jouiſſance de cinq cens livres, pour l'abonnement des Dîmes à lui dûe par l'Engagiſte des Domaines & Forêt de Montfort, Vicomté de Ponteaudemer, actuellement poſſedés par le Sieur Danican, Engagiſte.

Du 6 Mars 1742.

* Arreſt du Conſeil, qui liquide les rentes d'indemnité dûes à Sa Majeſté par différens Eccléſiaſtiques & Gens de main-morte, pour des biens ſitués dans les Franches-Bourgeoiſies d'Alençon & de Verneuil, & fixe leſdites rentes à raiſon du quart de la ſomme dûe en Normandie, pour les biens tenus en Cenſive de Sa Majeſté.

Du 6 Mars 1742.

* Arreſt du Conſeil, qui ordonne que le dire de l'Inſpecteur du Domaine, tendant à faire déclarer du Domaine de la Couronne, les Terres de Chauſſin & la Perriere, ſituées au Duché de Bourgogne, ſera communiqué aux Tuteurs de M. le Prince de Condé, à Mademoiſelle Louiſe-Anne de Bourbon & au Sieur Lamy, Chevalier, Marquis de la Perriere, pour y répondre dans les délais des Réglemens, & que les Parties remettront leurs Requeſtes & Piéces entre les mains du Sieur Savalete, Maître des Requeſtes; évoque l'Inſtance pendante au Conſeil privé entre ledit Sieur Lamy & les Officiers du Bailliage d'Auxonne, ſur les demandes en rapport de Lettres, formées par leſdits Officiers, circonſtances & dépendances; & ordonne que les Requeſtes & Piéces de ladite Inſtance ſeront remiſes entre les mains dudit Sieur Savalete, pour, après qu'il en aura par lui été communiqué au Bureau des Commiſſaires du Domaine, être enſuite à ſon rapport fait droit ſur le tout en la grande Direction.

Du 7 Mars 1742.

* Jugement des Commissaires établis pour la vérification des Droits Maritimes, qui réduit le Droit de Vicomté prétendu par les Maire, Echevins & la Communauté d'Abbeville, sur toutes les Marchandises qui se déchargent sur le Rivage de la Somme depuis le Moulin de Sottines jusqu'à celui de Riquebourg, à prendre seulement vingt sols par chaque Meule, & dix sols par chaque Meulade que l'on décharge audit lieu ; fait défenses de percevoir le Droit de Vicomté sur les autres Marchandises.

Du 13 Mars 1742.

* Arrest du Conseil, portant Réglement pour les Toiles à voiles qui se fabriquent à Lokornan, Poulan, Plonevet, Poizay, Mahalon, Melard, Plomodiern, Ploneven, Saint-Nic, Cast, Quemeneven, Plogonnec, Guenguat, & autres lieux des environs en Bretagne, contenant quarante-six Articles, dont le vingt-cinquiéme ordonne que lesdites Toiles seront marquées aux deux bouts, des noms & demeures des Fabriquans, ou de ceux qui font fabriquer, à peine de confiscation & de vingt livres d'amende par chaque piéce ; le vingt-septiéme dispense les certificats d'inscription des Fabriquans au Greffe de la Jurisdiction des Manufactures de Lokornan, d'être en papier timbré ; le vingt-huitiéme ordonne que les Toiles seront visitées au Bureau de visite, & marquées comme dessus de la marque du Bureau, à peine de confiscation & de cinquante livres d'amende pour chaque piéce ; l'Article XXV. veut qu'il soit tenu au Bureau de visite à Lokornan un Registre en papier non timbré pour y enregistrer le nombre de Piéces de Toiles qui y auront été visitées ; les Articles XL. & XLI. ordonnent que les ballots desdites Toiles qui sortiront par Mer pour d'autres Ports du Royaume ou pour l'Etranger, seront déclarés au Bureau des Fermes, établi dans la Ville où se fera l'embarquement ; dans lequel Bureau les ballots seront ouverts & visités, pour voir s'ils ne se trouvent pas marqués sur la couture, de la marque du Bureau de Lokornan, sans que ceux qui se trou-

veront ainsi marqués puissent être ouverts, mais seulement assujettis à la vérification de ladite marque, & que lesdites Toiles qui, lors de la visite qui en sera faite par lesdits Commis, se
trouveront sans la marque de visite ordonnée par l'Article
XXVIII. seront par eux saisies & confisquées avec amende de
cinquante livres pour chaque piéce, appliquable un tiers au
profit du Roi, un tiers au profit des Commis, & l'autre tiers
aux Pauvres des lieux où les Jugemens seront rendus; l'Article
XLIII. applique les amendes pour raison des contraventions
audit Réglement: sçavoir, un quart au Roi, un quart aux Pauvres, & l'autre moitié sera remise au Commis préposé à la marque des Toiles dont il tiendra Registre, pour être le produit
desdites amendes employé au payement des appointemens dudit Commis, & aux dépenses nécessaires pour le service du
Bureau de visite, sur les Ordonnances de l'Intendant de la Province.

Du 14 Mars 1742.

Décision du Conseil, qui du consentement du Fermier, modere à moitié le Droit d'Amortissement d'une fondation de cent
livres de rentes, au principal de deux mille livres, faite en
faveur des Religieuses de la Conception, rue S. Honoré à Paris, attendu la conversion en rentes sur l'Hôtel de Ville, de
celle qui avoit été donnée aux Religieuses, & qui étoit consti-
tuée sur la Communauté des Officiers Aydes à Mouleurs de
Bois, & ce en considération de la réduction des rentes de l'Hôtel de Ville au denier quarante; décharge aussi, du consentement du Fermier, lesdites Religieuses du Droit d'Amortissement pour une fondation à elles faite, & qu'elles n'ont point
acceptée.

Du 14 Mars 1742.

* Jugement des Commissaires établis pour la vérification des
Droits Maritimes, qui fait défenses aux Sacquiers & Porteurs
de Sel de la Ville de Libourne, de prendre une charge de Sel
sur chaque Batteau, Vaisseau ou Navire chargé de cette Marchandise, arrivant & déchargeant au Port du même lieu, à
peine de concussion.

Du 20 Mars 1742.

* Arreſt du Conſeil, qui ordonne l'exécution de la Déclaration du 20 Mars 1708 ; en conſéquence, ordonne que le Droit de Centiéme denier ſera payé pour le rachat des rentes foncieres non rachetables ſur le pied des ſommes payées pour l'extinction deſdites rentes.

Du 20 Mars 1742.

* Arreſt du Conſeil, qui déboute les Maire, Echevins & Habitans de Falaiſe de leur intervention dans l'Inſtance d'entre le Sieur Berland du Maſſu, Receveur Général des Domaines & Bois de la Généralité d'Alençon, & les Sieurs Courtois, Creſpin & autres ; condamne leſdits Sieurs Courtois, Creſpin, & autres à payer chacun à leur égard les Droits d'Enſaiſinement reclamés par ledit Sieur du Maſſu, & ordonne l'exécution des Réglemens concernant leſdits Enſaiſinemens, ainſi qu'il eſt porté par la Sentence du Bureau des Finances d'Alençon, qui ſera exécutée ſuivant ſa forme & teneur.

Du 20 Mars 1742.

* Jugement des Commiſſaires établis pour la vérification des Droits Maritimes, qui ordonne que la Pêche de la Mer ſera & demeurera libre & commune à toutes perſonnes dans les Ports, Havres & Côtes de Saint Malo ; fait défenſes à M. l'Evêque & au Chapitre de Saint Malo de s'attribuer & exercer aucun Droit de Pêche excluſive, ni de retablir aucunes Pêcheries.

Du 2 Avril 1742.

Arreſt Contradictoire du Conſeil, qui ordonne le Rapport des Lettres Patentes du 27 Juin 1719, obtenues par feu M. le Marechal d'Eſtrées, & par les Sieurs de Limé, Langlois, Deſpioch, Taillevin, Clement, Amelot, le Franc & Berterand, pour la conſtruction du Canal de Coſne ; revoque leſdites Lettres Patentes, comme contraires à celles des mois de Septembre 1638, & Décembre 1642, à l'Edit du mois de Mars 1679, & aux Lettres Patentes du mois de Novembre 1719, qui ont ordonné l'établissement des Canaux d'Orleans, Loing & Briard, dans la possession & jouissance desquels, & dans les Droits en dépendans, M. le Duc d'Orleans & autres Propriétaires d'iceux sont maintenus.

Du 3 Avril 1742.

* Arrest de la Cour de Parlement, qui confirme plusieurs Sentences de la Chambre du Domaine & Tresor du Palais de Paris, rendues à la Requeste du Sieur le Riche, Receveur Général des Domaines & Bois de la Généralité de Paris, qui condamnent le Sieur Fossoyeux, Conseiller au Châtelet, à lui payer par provision les Droits de Lods & Ventes d'une Maison sise Faux-bourg S. Antoine, étant dans la Censive de Sa Majesté, & qu'il a ci-devant payé à la Dame Abbesse de S. Antoine, laquelle est condamnée à les restituer audit Sieur Fossoyeux, ainsi qu'aux frais, intérêts & dépens prononcés contre ledit Sieur Fossoyeux, au profit dudit Sieur le Riche, &c.

Du 4 Avril 1742.

* Arrest du Conseil d'Etat Privé, qui ordonne l'exécution des Edits, Déclarations, Arrests & Réglemens concernant les droits & fonctions des Huissiers du Conseil & de la grande Chancellerie; en conséquence que dans toutes les affaires qui seront portées au Conseil, ou dans les Commissions qui en seront émanées, il ne pourra être donné aucune assignation, ni être fait aucune signification aux Parties domiciliées dans le lieu de l'instruction, que par le ministere desdits Huissiers, à peine de nullité desdites assignations & significations, & contre les autres Huissiers qui auroient contrevenu ausdits Réglemens, de cinq cens livres d'amende, même d'interdiction.

Fait défenses aux Avocats ès Conseils, de charger d'autres Huissiers que ceux du Conseil & de la grande Chancellerie, de donner de pareilles assignations, & de faire desdites significations.

Enjoint tant aux Greffiers du Conseil, qu'à ceux des Commissions extraordinaires du Conseil, de n'expédier aucuns Arrests ni Jugemens, qu'il ne soit fait mention dans le vû d'iceux, du nom & de la qualité des Huissiers, par le ministere desquels les assignations auront été données, & les significations auront été faites.

Et ordonne que le present Arrest sera lû en l'assemblée des Avocats aux Conseils, publié & affiché partout où besoin sera, pour être exécuté selon sa forme & teneur.

Du 13 Avril 1742.

* Sentence du Bureau de l'Hôtel de Ville de Paris, qui condamne   Boirot, Maître Charpentier, Propriétaire d'un Emplacement sis rue de Charenton Faux-bourg S. Antoine, en quatre mile livres d'amende , appliquable à l'Hôpital Général de cette Ville , pour avoir fair ouvrir une Porte Charretiere , & construire un Edifice dans ledit Emplacement ; qui le déclare déchu de sa Maîtrise , sans y pouvoir être rétabli ; ordonne que ledit Edifice sera rasé, les matériaux confisqués, & la place réunie au Domaine du Roy , & en outre qu'il sera tenu de déclarer les Entrepreneurs , Maître Maçon, & Ouvriers qui ont conduit & travaillé ausdits Ouvrages.

Du 14 Avril 1742.

Décision du Conseil , qui condamne la Dame Veuve le Noir , Commissaire Provincial des Guerres au Département de Provence , au payement du Droit de Franc-Fief du Fief de la Godde , Paroisse de Bazoche près Bray sur Seine, conformément aux Arrests du Conseil des 16 May & 22 Septembre 1722, qui assujettissent aux mêmes Droits deux Commissaires des Guerres.

Du 22 Avril 1742.

* Jugement des Commissaires de l'Amirauté de la Rochelle établis pour la vérification des Droits Maritimes , qui supprime seize Bouchots ou Pêcheries construites sur les Vases de la Mer, dans l'étendue de la Seigneurie de Charon, comme nui-

fibles à la Navigation ; décharge les Détenteurs defdites Pêcheries, de toutes rentes & redevances dont ils étoient tenus
pour raifon d'icelles ; & maintient le Sieur Marquis de Seuil
Propriétaire de ladite Terre, dans la jouiffance de plufieurs autres Bouchots, avec défenfes d'en établir d'autres.

Du 24 Avril 1742.

* Arreft du Confeil, concernant la Police & confervation de
la Foreft d'Hervaux, qui ordonne l'exécution des Arrefts du
Confeil des 13 Novembre 1736, & 17 May 1740 ; en confequence, caffe & annulle toutes les Procédures ordinaires & extraordinaires, Sentences & Jugemens rendus par les Officiers
de la Terre & Seigneurie de l'Ifle fous Montreal, appartenant à
Madame la Princeffe de Naffau, concernant ladite Foreft ; &
fans s'arrêter aux Arrefts du Parlement ; évoque au Confeil tous
les Appels qui y ont été portés ; ordonne en outre que les procédures ordinaires & extraordinaires des Officiers de la Maîtrife
d'Auxerre feront continuées jufqu'à Sentence diffinitive, fauf
l'appel au Confeil.

Du premier May 1742.

* Arreft Contradictoire du Confeil, qui déboute les Habitans de Blois de leur prétention de ne payer le Droit de Franc-
Fief qu'une fois en leur vie, & les affujettit à payer ce Droit à
chaque expiration d'affranchiffement de vingt années.

Du 8 May 1742.

Arreft du Confeil, qui confirme l'interdiction prononcée
par Sentence du Lieutenant Criminel au Bailliage de Dole en
Franche-Comté, du 2 Février 1741, contre le nommé Alexis
Carriere, Greffier Concierge des Prifons de ladite Ville, & la
nomination faite par ladite Sentence de Jean-Baptifte Proft,
pour la Garde defdites Prifons, & autres fonctions y attachées,
& ce jufqu'à ce qu'il en foit autrement ordonné.

Du 2 Juin 1742.

Décision du Conseil, qui juge contre les Religieux de la Charité du Faux-bourg S. Germain de Paris, que le Droit d'Amortissement est dû pour tous les legs qui leur sont faits à charge de fondations de Messes & Prieres sur le pied de ce qui est nécessaire pour les acquitter.

Du 13 Juin 1742.

* Jugement des Commissaires établis pour la vérification des Droits Maritimes, qui maintient les Pêcheurs dans le libre exercice de la Pêche sur la Riviere de Sienne, quand la Mer est haute, & jusqu'où elle s'étend sur les Gréves ; fait défenses aux Dames le Carpentier & Desmarêts, Dames de Montchalon, de les troubler, & les maintient dans d'autres Droits de Pêche & de Tangage dans certains districts de l'Amirauté de Coutances.

Du 26 Juin 1742.

* Arrest du Conseil, qui défend à tous les Sujets du Roy domiciliés en Franche-Comté, d'aller en Lorraine, ou d'y envoyer leurs Procurations, pour causes mobiliaires, ou de biens réels situés en France, à peine de nullité desdits Actes & de trois cens livres d'amende pour chacune contravention, à l'exception du seul cas où l'une des Parties contractantes se trouveroit domiciliée, & actuellement en Lorraine, lors de la passation de l'Acte qui y seroit fait avec un Domicilié de France, ou le Porteur de sa Procuration ; accorde Sadite Majesté à tous les Sujets domiciliés en Franche-Comté, un délai de trois mois, pour présenter aux Bureaux de Pierre le Blanc, Fermier des Domaines de ladite Province, les Expéditions des Actes passés entr'eux pardevant les Notaires de Lorraine, pour être les Droits d'iceux, pendant ledit délai, payés aux Bureaux de la situation du domicile des Parties, & faute par lesdites Parties de profiter dudit délai de grace, & icelui passé, lesdits Actes demeureront nuls & de nul effet, & les Particuliers pourront

ront

ront être pourfuivis pour le payement des amendes portées par les Réglemens : enjoint Sa Majefté aux Sieurs Intendans des Provinces & Généralités du Royaume, de tenir la main à l'exécution du prefent Arreft, &c.

Du 26 Juin 1742.

* Arreft du Confeil, qui permet aux Fermiers des Caroffes & Meffageries de toutes les Provinces du Royaume, tant en droiture que de traverfe, à l'exception des Coches d'eau de Paris à Auxerre, de continuer à percevoir pendant fix mois, à commencer du premier Juillet 1742, le quart en fus d'augmentation du prix des Voitures, tant de la conduite des Voyageurs & Prifonniers à la charge de Sa Majefté ou d'autres, que du tranfport des ballots, paquets, marchandifes, or & argent, papiers, Procès Civils & Criminels, & autres chofes qui feront tranfportées par la voye defdits Coches, Caroffes & Meffageries.

Du 4 Juillet 1742.

* Décifion du Confeil, qui, par grace & fans tirer à confequence, décharge les Religieux de la Charité, Ordre de S. Jean de Dieu, de la Ville de Paris, des Droits d'amortiffement & de nouvel acquêt pour toutes fondations de Meffes & Prieres à eux faites jufqu'au premier May 1708.

Du 10 Juillet 1742.

* Arreft du Confeil, portant défenfes à tous Juges des Seigneurs de prendre connoiffance à l'avenir des Coupes d'Arbres de Futaye ou autres délits qui pourront être commis dans les quarts de réferve, ni des Coupes de Ballivaux fur Taillis ou Arbres épars, qui feront faites dans les Bois des Communautés, à peine de demeurer garans & refponfables envers Sa Majefté en leurs propres & privés noms, du montant des amendes aufquelles les Délinquans auroient dû être condamnés.

Des 10 Octobre 1740 & 16 Juillet 1742.

* Sentences du Bailliage & Capitainerie de la Varenne des Thuileries, Pont de S. Cloud, &c. dont la premiere ordonne la visite des chemins de traverse ou sentiers qui sont dans l'étendue de ladite Capitainerie, & la seconde ordonne que dans quinzaine les Propriétaires ou Fermiers des Terres Riveraines des chemins qui leur seront indiqués, feront des fossés le long d'iceux en droite ligne de trois pieds de largeur & deux de profondeur, en observant de laisser de cinquante en cinquante toises un passage de quatre pieds au moins, conformément aux Réglemens, sinon lesdits fossés seront faits à la diligence du Procureur du Roy, aux frais desdits Fermiers ou Propriétaires, &c.

Du 17 Juillet 1742.

Arrest du Conseil, qui évoque une Instance pendante en la Sénéchaussée de la Rochelle, entre les nommés Butreau, Négociant au Gué de Villevire, & Jean Morisson, Fermier des Halles, Minage, Péage & Coutume, prétendus annéxés à la Seigneurie de Marans, au sujet d'un Droit de Minage, consistant en la trente-deuxiéme partie de huit Boisseaux de Froment vendus par ledit Butreau sur la Riviere de Marans, pour sur la contestation, circonstances & dépendances être fait droit aux Parties, ainsi qu'il appartiendra, & leur deffend de se pourvoir pour raison de ce ailleurs qu'au Conseil, à peine de nullité, cassation de Procédures & Jugemens, trois mille livres d'amende, & de tous dépens, dommages-intérêts.

Du 21 Juillet 1742.

Décision du Conseil, qui condamne le Sieur René Lambert à payer au Fermier actuel le Droit de Franc-Fief du Fief des Etuves, situé Paroisse de Chevreux, provenant de la succession de son Pere, nonobstant le prétendu payement fait par sa Mere d'un prorata dudit Droit entre les mains du précédent Fermier, sauf son recours contre lui.

Du 21 Juillet 1742.

* Sentence du Bureau de la Ville de Paris , qui condamne Jean Pique , Propriétaire d'une maison , grande rue du Faux-bourg Montmartre , en trois mille livres d'amende , appliquables à l'Hôpital Général de cette Ville , pour ne s'être point conformé à la Sentence du Bureau du 6 May 1727 , qui lui avoit permis de faire une Ecurie & une Etable , adoffées à l'Edifice de ladite Maison , ayant face fur ladite rue , conformément au Plan & Elévation joints à fa Requeste ; au lieu de laquelle Etable , avoir fait bâtir une Salle baffe ; dans la partie fupérieure de l'efpace destiné à ladite Ecurie , formé un Efcalier , & dans la partie inférieure , une Ecurie : le tout couvert en Mansarde , divifé en deux parties lambriffées , ayant trois toifes & demie de face , fur trois toifes un pied de profondeur & deux toifes un pied de hauteur , avoir obfervé un retour de huit toifes dudit Edifice fur la rue , pour pratiquer deux petites Cours féparées d'un mur ; & pour avoir en outre fait conftruire à la fuite defdites Ecurie & Efcalier , & en retour , une Ecurie & Vacherie de quatre toifes , fur deux en profondeur , avec un Cabinet d'aifance élevé de fept pieds de hauteur , qui ordonne que lefdits Edifices feront rafés , les Matériaux confifqués , & les places réunies au Domaine du Roy , & ledit Pique tenu de déclarer les Entrepreneurs & autres qui ont conduit l'Ouvrage , enfemble les Maîtres Maçons , Charpentier & Ouvriers qui y ont travaillé.

Du 28 Juillet 1742.

Décifion du Confeil , qui du confentement du Fermier , décharge les Religieux Jacobins de la rue S. Jacques à Paris , des Droits d'Amortiffemens de deux fondations à eux faites en rentes fur l'Hôtel de Ville , & les condamne au payement des mêmes Droits , pour une autre fondation de dix livres de rente à prendre fur le Seminaire de S. Nicolas du Chardonnet , quoique les Jacobins euffent accepté cette rente , à la prendre fur l'Hôtel de Ville ou fur les Etats de Bretagne , parce qu'au fond ce n'eſt qu'une rente que le Seminaire a conſtitué ſur lui, qui ne peut être exempte d'Amortiſſement.

Du 31 Juillet 1742.

* Arreſt du Conſeil, qui commet Monſieur Feydeau de Marville, Lieutenant Général de Police, pour juger en dernier reſſort toutes les conteſtations nées ou à naître à l'occaſion de la démolition & réédification de la Halle aux Draps, de celle aux Toiles de Paris, & des Echopes en dépendantes.

Des 7 & 14 Aouſt 1742.

Arreſt du Conſeil & Lettres Patentes, portant que Monſieur le Prince de Condé ſera payé par le Sieur Couet, Payeur des Gages & autres Charges aſſignées ſur les Fermes Générales : 1°. D'une ſomme de quatre mille livres, employée dans l'Etat du Roy de l'année 1740, ſous le nom du Surintendant Général & Reformateur des Mines & Minieres de France, dont étoit pourvû feu Monſieur le Duc; 2°. De celle de dix-huit cens quatre-vingt-ſix livres treize ſols deux deniers, dont eſt fait fonds dans l'Etat du Roy de l'année 1741, ſous le nom des Héritiers & Ayans cauſe de Monſieur le Duc de Bourbon, Propriétaire dudit Office, pour portion de gages ou rentes dûes depuis le premier Janvier juſqu'au 19 Juin 1741, jour que la quittance de rembourſement de la ſomme de cent mille livres, prix dudit Office, a été expédiée; 3°. De celle de deux mille cent trente-cinq livres onze ſols deux deniers, qui doit être employée dans l'Etat du Roy de l'année 1742, ſous le nom de Monſieur le Prince de Condé, & qui lui eſt dûe au même titre de gages ou intérêts depuis ledit jour 19 Juin 1741, datte de la quittance de rembourſement de ladite ſomme de cent mille livres juſqu'au 2 Janvier 1742, que ledit rembourſement a été réellement fait; & ce nonobſtant la prétention dudit Sieur Couet, qui ſoutenoit que leſdits gages ou intérêts devoient être conſidérés comme Gages intermédiaires, & remis à l'Adjudicataire des Fermes Générales Unies, dont les gages intermédiaires ſont partie.

Du 14 Aoust 1742.

* Arrest du Conseil, qui ordonne l'exécution des Articles V. & VIII. du Titre 2 de l'Ordonnance du mois d'Aoust 1669, & de l'Arrest du Conseil du 11 Aoust 1733, & en consequence, que dans six mois du jour de la signification du present Arrest, le Sieur Garde de Muret sera tenu d'opter entre son Office de Maître Particulier de la Maîtrise des Eaux & Forests de Chauny, & ceux de Bailly du Marquisat de Genlis, & autres Seigneuries des environs, sinon ledit Office de Maître Particulier sera déclaré vaquant & impétrable aux Parties Casuelles, en vertu du present Arrest.

Du 17 Aoust 1742.

* Arrest du Conseil, rendu au profit de Messire Jean-François de Gontault de Montferrand, Abbé Commendataire de Notre-Dame de Peyrousse, Ordre de Citeaux, contre plusieurs Vassaux & Censitaires qui refusoient de payer les Droits de Lods & Ventes Acapt, & autres Droits Seigneuriaux & Redevances appartenans audit Sieur Abbé.

Du 19 Aoust 1742.

Décision du Conseil, qui condamne le Sieur Compagnot de Tallan à payer le Droit de Franc-Fief de la Maison & Fief de Châteaumont sis à Anguyen, pour quarante années de jouissance depuis son acquisition, quoiqu'elles ne fussent pas expirées, & ce à raison du denier vingt-cinq de la somme de dix mille livres, à laquelle le Fief a été estimé au lieu de cent livres employée dans la Contrainte du Fermier, & que ledit Sieur Compagnot offroit de payer pour vingt années de jouissance seulement, prétendant ne devoir le Droit pour les autres vingt années, qu'après qu'elles seroient revolues.

Du 21 Aoust 1742.

Arrest du Conseil, qui commet le Sieur Louis la Roquette,

pour faire la recette des Droits de Navigation de la Riviere de Loire depuis Rouanne jufqu'à S. Rambert, defquels Droits il demeurera féqueftre jufqu'à ce qu'il en foit autrement ordonné.

Du 23 Aouſt 1742.

* Traité de Commerce, Navigation & Marine entre le Roy & le Roy de Dannemark, contenant quarante-fix Articles, dont le fixiéme porte que les Marchandifes de France ne payeront en Dannemark que les mêmes Droits que les Négocians Dannois, & reciproquement les Dannois ne payeront en France que les mêmes Droits que payeront les François; accorde en outre aux Vaiffeaux Dannois l'exemption du Droit de Fret, & le quarantiéme; exempte refpectivement du Droit d'Aubaine les Sujets des deux Nations Françoifes & Dannoifes.

Du 27 Aouſt 1742.

* Jugement des Commiffaires établis pour la vérification des Droits Maritimes, qui fait défenfes aux Abbeffe & Religieufes de l'Abbaye de S. Georges de Rennes de percevoir la moitié du Droit de trois deniers d'ancienne Coutume, fur les Vins & Denrées; pourront feulement exercer ledit Droit fur le Froment chargé à Nantes, pour être mené à la Mer, & fur le Sel qui fe décharge à terre.

Du 29 Aouſt 1742.

* Arreft de la Chambre des Comptes de Paris, portant que les Confeillers-Auditeurs ne pourront délivrer l'Attache de la Chambre aux Vaffaux du Roy qui auront rendu à Sa Majefté leur foi & hommage entre les mains de Monfeigneur le Chancelier, ni aux Mineurs qui en auront obtenu Lettres de fouffrance, qu'en confequence d'Arrefts de la Chambre rendus à la Requefte des Parties fur les Conclufions du Procureur Général, fans que lefdits Mineurs, fous prétexte de l'Arreft intervenu fur les Lettres de fouffrance du grand Sçeau, puiffent être difpenfés d'obtenir Attaches & Mandemens de la Cham-

bre qui leur feront expédiés par les Confeillers-Auditeurs, conformément au Réglement du 20 Mars 1673.

Du mois de Septembre 1742.

* Edit du Roy, portant union de la Jurifdiction de la Vicomté du Havre au Bailliage de la même Ville, ainfi que des Offices de Commiffaires-Enquefteurs-Examinateurs, Greffiers, Receveurs des Confignations, Commiffaires aux faifies réelles, Avocat du Roy & Procureurs poftulans.

Du 4 Septembre 1742.

* Arreft de la Cour du Parlement, qui juge au profit de Monfieur de Caderouffe, Engagifte du Domaine de Sezanne, que la Terre de Mondemant & de la Grange au Bois eft chargée de Droits de Quint & Relief, portés par la Coutume, quoique, par des aveux portés en la Chambre des Comptes, elle ne parût chargée que d'un Epervier fort à chaque mutation, attendu que lefdits aveux n'avoient pas été vérifiés par le Juge des lieux, & n'étoient par confequent pas reçûs définitivement en la Chambre des Comptes, fuivant l'Arreft rendu en icelle le 4 Février 1511, quoique les aveux produits fuffent de 1509.

Du 6 Septembre 1742.

* Sentence de la Varenne du Louvre, portant que lorfque la Chaffe fera ouverte, les Officiers foit en Charge ou par Commiffion ne chafferont que deux fois par femaine; qu'ils ne pourront tirer au plus qu'une douzaine de Piéces de Gibier par chaque Chaffeur; qu'ils ne pourront chaffer dans les Vignes qu'après les Vendanges faites, & qu'ils difcontinueront de chaffer dans la plaine pendant huit jours, à compter du jour que les Vendanges commenceront dans ce Canton, afin d'éviter les accidens qui pourroient arriver, à peine d'être privés du Droit de Chaffe & autres portées par les Ordonnances.

Du 7 Septembre 1742.

* Arreſt de la Cour du Parlement, qui juge que le Receveur Général des Domaines eſt autoriſé à vendre & diſcuter les biens de Madame de Skelton, Aubaine, nonobſtant les prétentions & oppoſitions des Fermiers du Domaine & de la portion excédente, appartenante au Fermier des Droit Caſuels.

Du 11 Septembre 1742.

Arreſt du Conſeil, ſur un Conflit de Juriſdiction entre le Parlement & la Cour des Aydes de Paris, au ſujet de la vente des meubles du Sieur Rouvelin, Receveur Général de la Ferme du Tabac, dans laquelle le nommé Landoy, Huiſſier de la Ferme, qui la faiſoit, a été troublé par quatre Huiſſiers Priſeurs accompagnés d'un Commiſſaire au Châtelet, qui prétendoient être ſeuls en droit de faire ladite vente, & ſur quoi il a été fait beaucoup de procédures criminelles, tant à la Cour des Aydes qu'au Parlement ; ordonne l'exécution des Articles XXVI. du Titre VIII. de l'Ordonnance des Aydes de 1680, XVIII. du Titre Commun de l'Ordonnance de 1681, enſemble des Arreſt & Lettres Patentes des 30 Octobre & 4 Décembre 1731 ; ce faiſant, & ſans s'arrêter aux Arreſts du Parlement des 13 & 20 Aouſt 1742 ; décharge Forceville, Adjudicataire des Fermes Générales Unies, & l'Huiſſier Landoy, des Aſſignations à eux données au Parlement ; en conſéquence, ordonne que l'Arreſt de la Cour des Aydes du 17 dudit mois d'Aouſt, ſera exécuté, & que, ſuivant icelui, la procédure extraordinaire commencée en l'Election de Paris à la Requeſte deſdits Forceville & Landoy, contre les nommés Mirefin, Totin, Gilquin & Hallé, Huiſſiers Priſeurs, & le Sieur Rocrolle, Commiſſaire au Châtelet, ſera continuée juſqu'à Sentence diſtinitive incluſivement, ſauf l'appel à la Cour des Aydes.

Du 12 Septembre 1742.

* Jugement des Commiſſaires établis pour la vérification des Droits

Droits Maritimes, qui fixe les Droits de Pêche appattenans au Sieur de Melmont de Grenonville, dans la Riviere de Seine fur la Rive de fa Terre d'Auricher ; ordonne que la Pêche fera & demeurera libre aux Pêcheurs, & fupprime les Droits de Coutume, de paffage & de fiége de Batteaux, prétendus par ledit Sieur de Melmont fur ladite Riviere & fes Rivages dans l'étendue de l'Amirauté du Havre.

Du 14 Septembre 1742.

* Jugement des Commiffaires établis pour la vérification des Droits Maritimes, qui reduit le Droit de Pêche exclufive du Sieur d'Oillemon de Villerville, à prendre le Poiffon d'une Marée au jour du Mercredi de chaque femaine dans treize Etallieres feulement ; le Poiffon qui fe pêche d'Ebe ou Marée baiffante, dans l'étendue de fon Fief, au Vendredi auffi de chaque femaine, & le Saumon, à tel jour qu'il foit pris & péché fur ledit Fief.

Fait défenfes audit Sieur de Villerville de prendre le Turbot & l'Efturgeon, de lever aucuns autres Droits fur la Pêche ; & décharge les Pêcheurs des rentes & redevances prétendues par ledit Sieur de Villerville, dans l'étendue de l'Amirauté de Tougues & Dive.

Du 22 Septembre 1742.

Décifion du Confeil, qui confirme une Ordonnance de M. l'Intendant d'Orleans du 14 Novembre 1741, par laquelle M. le Baron de Broyes a été condamné au payement du Droit de centiéme denier en qualité d'Héritier, à caufe de Madame fon Epoufe, des immeubles qui lui font échus par le décès de la Dame Veuve de Beauvais, à laquelle ils avoient été abandonnés pour fes reprifes par fes Enfans & Héritiers de feu fon Mari.

Du 25 Septembre 1742.

* Déclaration du Roy, qui prononce des peines corporelles & afflictives contre les Commis & Employés dans les Poftes,

qui feront convaincus de prévarications. *Regiftrée au Parlement & en la Cour des Aydes les 11 Octobre & 14 Décembre fuivans.*

Du 26 Septembre 1742.

* Décifion du Confeil, qui décharge l'Hôpital de S. Chinian, Diocèfe de S. Pons, du Droit d'Amortiffement d'une Maifon léguée audit Hôpital, à la charge de payer ledit Droit d'Amortiffement, pour raifon d'une rente de quarante livres affignée par le Donateur fur ladite Maifon au profit du Curé de Pierrerue, pour une Fondation de deux Meffes par femaine.

F I N.